Pierre Stutz
50 Rituale für die Seele

Pierre Stutz

50 Rituale
für die Seele

Herausgegeben von Andreas Baumeister

HERDER

FREIBURG · BASEL · WIEN

Kontakt zum Autor über: www.pierrestutz.ch

Originalausgabe

7. Auflage 2008

© Verlag Herder GmbH, Freiburg im Breisgau 2001
Alle Rechte vorbehalten
www.herder.de

Umschlaggestaltung und -konzeption:
R·M·E München/Roland Eschlbeck, Liana Tuchel

Typografie und Gestaltung:
smp-schmidt media production, Freiburg
Herstellung: fgb · freiburger graphische betriebe 2008
www.fgb.de

Gedruckt auf umweltfreundlichem,
chlorfrei gebleichtem Papier
Printed in Germany

ISBN 978-3-451-07004-4

Für P. Hans Wallhof als Anerkennung für
seine Lebensaufgabe in der Zeitschrift „ferment",
die wir nun weiterführen dürfen.

Meinen verstorbenen Eltern
August und Erna Stutz-Saxer, Hägglingen,
aus Dankbarkeit gewidmet.

Inhalt

Was ist ein Ritual?   9

   I   Zu mir selber stehen   13

  II   Der Verwandlungskraft trauen   27

 III   Brot und Rosen: Zusammensein   45

 IV   Kind sein dürfen   61

  V   Innehalten – Stille und Besinnung   79

 VI   Teil eines Ganzen   95

VII   Engagierte Gelassenheit   107

VIII   Krise als Weg   127

 IX   Verbunden mit der Schöpfung   143

  X   Mit dem Abschied leben   161

Nachwort des Herausgebers   179

Quellenverzeichnis   184

Was ist ein Ritual?

„KANN ES ETWAS SCHLIMMERES GEBEN, als dass wir uns in unserem eigenen Haus nicht zurechtfinden? Wie können wir hoffen, in anderen Häusern Ruhe zu finden, wenn wir sie im eigenen nicht zu finden vermögen?", schreibt die Mystikerin Teresa von Avila in ihrer Schrift von der „Inneren Burg".

Das ist ein Gedanke, der mich vor einigen Jahren erschüttert hat. Zu lange habe ich außerhalb gesucht, was ich mir selber schenken lassen muss. Wie jeder Mensch brauche ich Freundinnen und Freunde, Anerkennung und Verwurzelung. Doch nur ich – dies ist eine schmerzliche und zugleich befreiende Erkenntnis – kann mir Heimat in mir schenken lassen. Es ist dies eine Beheimatung, die – so habe ich es erfahren – letztlich Gott allein ermöglichen kann. Gott ist in allen Dingen! Seit ich der Spur dieser Erkenntnis folge, habe ich die Kraft der Rituale in meinem Leben, in meinem Alltag neu entdeckt.

Was ist ein Ritual? „Es ist das, was einen Tag vom anderen unterscheidet, eine Stunde von den andern Stunden", lässt Antoine de Saint-Exupéry den Fuchs zum kleinen Prinzen sagen. Darum „muss es feste Bräuche geben". Ein Aufruf, der in unserer hektischen Welt, die zum Shoppingcenter der unendlichen Möglichkeiten geworden ist, aktueller denn je ist. Vereinsamung und Sinnverlust nehmen zu: Einfache spirituelle Alltagsübungen können eine Hilfe sein, im Alltäglichen das Wunderbare zu entdecken – und sie helfen dazu, nicht länger fremdbestimmt zu leben, gelebt zu werden, sondern mehr aus der eigenen Mitte heraus zu leben.

Ein Ritual ist für mich ...

▶ regelmäßig und bewusst einen Ort des Innehaltens, des Aufatmens aufzusuchen, an dem ich mich in meinem eigenen Haus zurechtfinden kann.

▶ ein kraftvoller Moment der Erinnerung, dass das Wesentliche im Leben nicht machbar ist, sondern immer Geschenk und Gnade bleibt.

▶ wenn ich „den Himmel mit der Erde verbinde", indem ich wahrnehme, was ist, und über mich hinauswachse, weil ich Teil eines größeren Ganzen bin.

▶ wenn ich Widerstand leiste und Zeichen setze für eine gerechtere Welt, wo Gerechtigkeit, Lebensfreude, Solidarität und Zärtlichkeit spürbar werden.

▶ wenn ich in das Urvertrauen hineinwachse, dass jeder Mensch sich immer wieder zum Guten verwandeln lassen kann.

▶ wenn ich wiederhole, nachahme, übe. Übung führt mich zu mehr Achtsamkeit und innerer Ruhe angesichts der drängenden Fragen unserer Zeit.

▶ ein mystischer Augenblick, in dem Raum und Zeit wie aufgehoben erscheinen und ich in Berührung komme mit Gott, der Quelle allen Lebens, erfahrbar in der Schöpfung und dem ganzen Kosmos.

▶ eine heilende Erfahrung, weil die Seele, das Lebendige in uns, aufatmen kann und wir alle Erfahrungen zurückbinden können an den Grund unseres Lebens, den ich Gott nenne.

Natürlich besteht auch die Gefahr, dass ein Ritual zur entleerten Gewohnheit, zum Automatismus wird. Um dem entgegenzuwirken, brauchen wir ein waches Auge, uns selbst und unsere Mitwelt bewusst wahrzunehmen. So bleiben wir lebendig, spüren, ob uns dieses Ritual (noch) gut tut, und entwickeln uns weiter.

Erstes Kapitel

Zu mir selber stehen

Gerade dastehen zu können, fällt uns gar nicht immer so leicht. Gerne lehnen wir uns an, setzen uns hin, knicken ein Bein ein – wir stehen nicht mit beiden Beinen gerade auf dem Boden. Oft tun wir uns schwer, zu uns selbst zu stehen. In Diskussionen und Meinungsverschiedenheiten ringen wir um einen eigenen Standpunkt.

Selbstwertgefühl, Ehrlichkeit und Standhaftigkeit sind für mich wichtige spirituelle Grundwerte.

In den Geschichten der Bibel treffe ich immer wieder auf menschliche Grunderfahrungen. Und so lese ich im Neuen Testament, wie Jesus Menschen Mut macht, zu sich selber, ihren Gaben und Grenzen zu stehen. Er fordert sie dann auf, sich in die Mitte zu stellen. Dabei werden Menschen nicht nur äußerlich, sondern auch innerlich aufgerichtet. Erst so wird ein aufrechter Gang im vollen Sinne dieses Wortes möglich. Innerlich aufgerichtet, stehen wir mit mehr Rückgrat für unser Leben, das Leben aller Menschen und der ganzen Schöpfung ein. Wir stehen, mit Zivilcourage, auf für das Bedrohte. Wir dürfen es tun in dem Grundvertrauen, dass wir zu uns stehen können, weil Gott vor aller Leistung zu uns steht.

1. Ritual

Am Morgen nach dem Aufstehen

Am Morgen, nach dem Aufstehen, stelle ich mich in die Mitte des Zimmers und spüre mit den nackten Füssen gut den Boden unter mir. Der Boden ist Bild jenes Gottes, der mich trägt, auch heute in all den vielen Anforderungen, die auf mich zukommen werden. Ich atme tief ein und aus in Verbindung mit den Worten von Hildegard von Bingen: „Gott atmet in allem, was lebt." Mein Dastehen, mein Atmen ist ein spiritueller Akt, der mich die Verbundenheit mit allem erfahren lässt. Es verbindet mich mit dem Atem der Menschen, der Tiere, der Pflanzen, mit dem ganzen Kosmos. So stehe ich anders, verwurzelter im Leben und in dem neuen Tag.

2. RITUAL

Den Tag über bewusst dastehen

Den Tag hindurch, hoffentlich auch, wenn
meine Pläne durchkreuzt werden, wenn etwas nicht gelingt, wenn ich ungeduldig
werde, versuche ich das bewusste Dastehen
einzuüben.

Wenn ich auf den Zug warten muss,
in der Einkaufsschlage anstehe, auf das Kochen des Kaffeewassers warte oder auf das
Hochfahren meines Computers, erinnere ich
mich an die Kraft des Stehens. Es gibt keinen
Ort auf dieser Welt, der nicht zum heiligen
Ort werden kann. Die spirituelle Dimension
des Lebens wird erfahrbar, wenn ich die
scheinbar verlorene Zeit des Herumstehens
verwandeln lasse in ein achtsames Dastehen.
Der Atem hilft mir, die Tiefendimension dieses
unscheinbaren Stehens zu spüren. Für mich
lebt darin die Hoffnung, nicht zu resignieren.

3. RITUAL

Wenn's schwierig wird: Mit beiden Füssen im Leben stehen

Ich achte regelmäßig in schwierigen Alltagssituationen darauf, als spirituelle Grundhaltung beide Füße auf den Boden zu stellen. Dabei bin ich wie bei allen anderen Übungen nicht erstaunt, wenn es Wochen oder Monate dauert, bis ich dies in einer Selbstverständlichkeit, aus einer inneren Freiheit heraus tue. Ich verbinde diese Haltung mit der Zusage aus dem Alten Testament, aus dem Buch des Propheten Ezechiel: „‚Stell dich auf deine Füße, Menschensohn, ich will mit dir reden.‘ Als Gott das zu mir sagte, kam der Geist in mich und stellte mich auf die Füße" (Ezechiel 2, 1–2). Die aufrechte Haltung lässt meinen Atem fließen, der mich lebendig hält; und ich spüre den Grund, der mich trägt.

4. Ritual

Aufstand für das Leben: Engagement und Verbundenheit

Niemand ist eine Insel – und in einer zunehmend individualisierten Gesellschaft gibt es viele Menschen, die es alleine nicht schaffen. Um ihnen zu helfen, muss ich mich aufraffen und aufstehen – in dem Bewusstsein, dass auch ich Hilfe brauche, vielleicht in anderen Bereichen des Lebens.

Organisationen wie Amnesty International, Caritas, Greenpeace, Nachbarschaftshilfe sind angewiesen auf Menschen, die mitarbeiten im Bewusstsein, dass sie nie Einzelne sind, sondern immer Teil eines Ganzes. Bevor ich mich engagiere, schließe ich einen Moment die Augen, atme tief und erinnere mich, dass in diesem einen Augenblick Frauen und Männer auf der ganzen Welt aufstehen für das Leben.

5. Ritual

Am Abend:
zum vergangenen Tag stehen

Am Ende des Tages stehe ich bewusst zu diesem Tag. Voll Dankbarkeit spüre ich das Lustvolle und Angenehme dieses Tages – und ich versuche auch zu dem zu stehen, was ich mir anders gewünscht hätte, wo ich unzufrieden bin mit mir und anderen. Ich stehe zwischen Erde und Himmel, und in einer tiefen Verneigung drücke ich meine Sehnsucht aus, diesen Tag loszulassen, hinter mir zu lassen, Gott zu überlassen.

LIEBEVOLLE ZUWENDUNG

Beim Aufstehen
deine Gegenwart erahnen
dastehen
im Wahrnehmen des Atmens
dein Entgegenkommen spüren
gerade stehen
aufrichtig werden
meine Grenzen annehmen
weil du mich annimmst
auch in meinen schlaflosen Nächten

So kann ich
am Morgen deine Zuwendung verkünden
und in den Nächten deine Treue
jeden Morgen neu ja sagen zu mir
im liebevollen Pflegen meines Körpers

Du
salbst mich mit frischem Öl
lässt mich meine Lebenskraft erleben
die mir ermöglicht mich für die Würde
aller Menschen ein- und auszusetzen
NACH PSALM 92, 3.11

ZU MIR STEHEN

Mit beiden Füssen
auf dem Boden stehen

Dich Gott als Grund
der trägt erfahren

Mit jedem Atemzug
mich noch mehr
niederlassen
einlassen auf dich

Du trägst mich auch durch
wenn die Angst vom Fallen-gelassen-Werden
mich einholt

Du ermutigst mich
zu mir zu stehen
denn auch in der Not
bist du bei mir
und befreist mich

NACH PSALM 91, 15

Fest stehen

Wer dir vertraut
steht fest

Nicht für immer
denn das Leben ist ein Prozess
der Glaube ist Verwandlung
Menschwerdung ist eine Gratwanderung
Beziehung ist ein Geben und Nehmen
Engagement ist Erfolg und Rückschlag

Das steht fest
NACH PSALM 125, 1

STELL DICH IN DIE MITTE

Stell dich in die Mitte
        bringe dich ein
        mit deinen Fähigkeiten

Teile mit
        was du gut gemacht hast
        wo deine Lebensfreude und
        Kreativität
        fließen konnten
        wo dein einfühlsames Mitsein
        neue Räume des Vertrauens eröffnete

Stell dich in die Mitte
        damit deine Einmaligkeit
        sichtbar wird
        und du Komplimente annehmen
        kannst

Stell dich in die Mitte
   mit deinem Schatten
   der zu dir gehören darf
   denn im Ausdrücken deiner
   Bedürftigkeit
   liegt der Schlüssel
   zum heilenden Dasein

NACH MARKUS 3, 3

Zweites Kapitel

Der Verwandlungskraft trauen

Mit dem Unvorhersehbaren rechnen, dem Möglichen Raum geben, mich nicht abfinden mit dem, was ist, das ist für mich eine wesentliche Lebenseinstellung.

Dann ist die entscheidende Frage in meinem Leben nicht die, ob ich an Gott glaube, sondern ob ich Gott lebe! Gott jeden Tag leben lassen in all meinen Tätigkeiten bedeutet für mich, an die Verwandlung des Menschen zu glauben. Es bedeutet für mich, dass ich mir kein festes Bild mache von mir selber und von den anderen.

Der Schweizer Schriftsteller Max Frisch sagt es so: "Es ist bemerkenswert, dass wir gerade von dem Menschen, den wir lieben, am mindesten aussagen können, wie er sei. Wir lieben ihn einfach ... Wir wissen, dass jeder Mensch, wenn man ihn liebt, sich wie verwandelt fühlt, wie entfaltet, und dass auch dem Liebenden sich alles entfaltet, das Nächste, das lange Bekannte. Vieles sieht er wie zum ersten Mal. Die Liebe befreit aus jeglichem Bildnis. Das ist das Erregende, das Abenteuerliche, das eigentlich Spannende, dass wir mit den Menschen, die wir lieben, nicht fertig werden: weil wir sie lieben, solange wir sie lieben ... Du wirst dir kein Bildnis machen, heißt es von Gott. Es dürfte auch in diesem Sinne gelten: Gott als das Lebendige in jedem Menschen, das, was nicht erfassbar ist.“

Genau um diese Lebensgrundhaltung geht es auf einem spirituellen Weg. Damit fördere ich den Respekt vor der Einmaligkeit eines jeden Menschen, vor dem Geheimnis, das er oder sie auch immer bleibt und das mich zum tiefen Staunen führt und zur gegenseitigen Ermutigung, sich Tag für Tag noch mehr entfalten zu können.

6. Ritual

Auf den anderen hören

In kleinen alltäglichen Begebenheiten fällt es mir besonders schwer, die anderen zu lassen, wie sie sind und wie sie sich ausdrücken. Ich habe meine Vorstellungen, wie der Tisch gedeckt sein soll, wie der Empfang der Gäste geschieht etc. In kleinen Dingen können sich große Werte ausdrücken. Wenn ich lerne zu spüren, was mir wichtig ist, kann ich im Gespräch auch besser auf die anderen hören und die Verschiedenheit spüren – und darin Wege finden, wie beide sich entfalten können.

7. Ritual

Lebensbehindernde Beziehungen entdecken und verwandeln

Das Gefangensein, das Abhängigsein in Beziehungen hindert mich in meiner Lebendigkeit. In der Fülle von Emotionen ist es manchmal gar nicht so einfach, zu spüren, welche Beziehungen mich hindern im Leben und welche mich fördern. Darum nehme ich mir Zeit, um auf einer Liste aufzuschreiben, welche Beziehungen für mich lebensfördernd und welche lebensbehindernd sind.

Wenn ich lebensbehindernde Beziehungen entdeckt habe, suche ich nach Möglichkeiten, sie zu verwandeln.

▶ Ich räume mir mehr zeitliche und/oder örtliche Distanz ein, um mehr aus meiner Mitte, aus innerer Freiheit Begegnungen zu wagen. Da liegt auch die Chance, vorerst in mir selber zu entfalten, was ich zu sehr in/bei der anderen Person suche.

▶ Ich gebe dieser Person weniger Macht, indem ich bewusst einübe, nicht dauernd hintenherum über sie zu reden, sondern versuche, sie zu lassen.

▶ Ich gehe in der Meditation einen Versöhnungsweg in der Erinnerung, dass dieser Mensch in den Augen Gottes ganz anders ist und ich immer nur einen Teil von ihm wahrnehme.

8. RITUAL

Konflikte austragen und Versöhnung wagen

Im Austragen von Konflikten und im Wagen von Versöhnung hilft mir die Erkenntnis, dass es beim Aussprechen von Fehlern und Mängeln bei meinem Mitmenschen immer nur um einen Teil dieser Persönlichkeit geht. Auch wenn meine Wut mich mit destruktiven Bildern am Tag und im Traum konfrontiert, so erinnere ich mich, dass ich nie nur Wut bin. Diese Grundhaltung kann ich einüben, indem ich unermüdlich auf die Suche gehe nach den guten Seiten im anderen.

9. Ritual

Wenn Menschen mich verletzt haben: segnen

Menschen zu „segnen", mit guten Gedanken bei ihnen zu verweilen oder für die zu beten, mit denen ich mich schwer tue: das ist nicht leicht. Nach einer Schweigeminute oder vor dem Beten des „Mutter-/Vaterunsers" segne ich innerlich Menschen, die mich verletzt haben. So übe ich, nicht den Menschen abzulehnen, sondern sein Verhalten. Es ist schwer: Ich segne Diktatoren, Kriegsverbrecher – dies kann spontan beim Zeitungslesen geschehen. Dabei achte ich darauf, dass ich nicht überheblich werde, denn die Gewalt, die mir von außen begegnet, hat auch in mir ihre Wurzeln. Im Aufschrei gegen die Ungerechtigkeit und im Loslassen in Gott hinein ereignet sich Versöhnung.

10. Ritual

Verwandlung in der Natur: Meditation

Ich verfolge – zum Beispiel – im Frühling das Heranwachsen einer Löwenzahn-Blüte über längere Zeit. Ich „sauge" das kraftvolle Gelb in mir auf. Ich entdecke, wie nach einer gewissen Zeit die Blütenblätter sich wieder schließen, umhüllt von den grünen Knospenblättern. Dann geschieht die Verwandlung und die weißen Flugkörper geben der Blume ein neues Aussehen.

Kraftspendend ist für mich die Beobachtung der wilden Reben an unserer Klostermauer. Im Winter wirken die Zweige so unscheinbar, verdorrt und wie für immer abgestorben. Unglaublich, wie daraus im Frühjahr kraftvolle grüne Blätter entstehen, die im Herbst die ganze Wand voller Farbenpracht aufscheinen lassen.

Diese Gleichnisse aus der Natur helfen mir, auch an die Kraft der Verwandlung in meinem Mitmenschen zu glauben.

JEDEN MENSCHEN
IN SEINER EINZIGARTIGKEIT SEHEN

Dankbarkeit spüren
Begegnungen auskosten
jeden Menschen in seiner Einzigartigkeit
sehen

Mehr noch
jeden mit den Augen Gottes sehen
als Menschen
dem die Verheißung gilt
verwandelt zu werden

Du verwandelnde Kraft
sei uns verbindend nahe

VERBINDLICH FREI

sich
kein
endgültiges
bild
voneinander
machen

festgefahrene
bilder
voneinander
loslassen

eine
entdeckungsreise
beginnen
kreativ
neue
seiten
kennen lernen

so
werden
wie gott
uns von
anfang
gemeint
hat

verbindlich
frei

MICH VERSÖHNEN

Mich versöhnen
nicht aus Verdrängung
und falschem Harmoniebedürfnis

Mich versöhnen
nicht dem faulen Frieden zuliebe
nicht aus Angst vor neuer Ablehnung

Mich versöhnen
im vollen Bewusstsein
wie mir Ungerechtigkeit
widerfahren ist

Mich versöhnen
weil ich Wut und Aggressionen
ausdrücken konnte

Mich versöhnen
weil ich dadurch nicht
mehr gefangen bin
in meiner Destruktivität

Mich versöhnen
im befreienden Verzeihen
damit Feindbilder überwunden werden

Mich versöhnen
nicht weiterhin nur den Dämon
sondern auch den Engel im Feind sehen

Mich versöhnen
ich arbeite dran
obwohl ich weiß dass
Versöhnung letztlich Geschenk ist

FOLGE DEINER INTUITION

Folge deiner Intuition
spüre nach
was dich bewegt
verletzt

Suche in den vielen Bedürfnissen
deinen Ur-wünschen Beachtung zu schenken

Anerkennung
Verwandlung
Verwurzelung

Gott bewegt sich mit dir in deiner
Selbstwerdung

Abschied nehmen können
in kurzen Momenten vergegenwärtigen
was an vertrauensvollen Beziehungen
gewachsen ist

Abschied nehmen können
einander Echo geben
Gedanken und Gefühle austauschen
bestärkende Worte annehmen können

Sich freuen über die eigenen Gaben
sie zurückfließen lassen
in dich hinein
du Urgrund aller Begegnungen
andere Anteil nehmen lassen an dem
was sie mir bedeuten
es ihnen sagen
um sie loslassen zu können
in dich hinein

FESTGEFAHRENE MEINUNGEN LOSLASSEN

Festgefahrene Meinungen loslassen
mitten im Streit einander wohlwollend
verzeihen.

Verhärtete Vorurteile loslassen
mitten im Ringen um neue Beziehung
einander verwandelnd entgegenkommen.

Dankbar die Pracht unserer Schöpfung
loslassen
das Leben als Geschenk erfahren
einander segnend begegnen.

Drittes Kapitel

Brot und Rosen: Zusammensein

Brot und Rosen, das lebensnotwendige Alltägliche und das Besondere, sind Ausdruck der Sehnsucht nach Liebe, die in uns Menschen brennt und die im Weiterschenken gestillt wird. „Jeder Mensch wird mit einem unerschöpflichen Vorrat an Liebe geboren", schreibt der nicaraguanische Dichter und Mönch Ernesto Cardenal. In einer Partnerschaft trauen wir diesem unerschöpflichen Vorrat. Wir vertrauen, dass das Lebensnotwendige – das Brot – und das Schöne, das Unerwartete, das Geschenk – die Rosen – im gemeinsamen Unterwegssein erfahrbar sind. Das tägliche Brot steht für das Kraftvolle und Mühsame des Lebens, das uns nährt und hoffnungsvoll leben lässt. Die Rosen lassen uns entdecken, dass es auf uns ankommt, jedoch letztlich nicht von uns allein abhängt:

Das Wesentliche im Leben ist ein Geschenk.
Es braucht das Pflegen einer Beziehung, das
Einüben einer wohlwollenden Konfliktfähigkeit und zugleich den gegenseitigen Freiraum, damit jede und jeder sich im Zusammensein und durch die Beziehung noch mehr
entfalten kann.

11. Ritual

Gemeinsam Brot backen –
Frisches Brot segnen

Wir backen gemeinsam Brot und haben –
während der Teig geht und an Volumen zunimmt – Zeit, um wahrzunehmen, was in
unserer Beziehung am Wachsen ist. Darin
erkennen wir Gottes Spuren in unserer
Partnerschaft.

Bevor ein frisches Brot angeschnitten wird,
drücken wir mit einem Kreuzzeichen auf dem
Brotlaib oder einem anderen Symbol aus, wie
wir durch die Gaben der Schöpfung Gottes
Segen erfahren.

12. Ritual

Einander Rosen schenken

Rosen und andere Blumen können uns den Sinn des Lebens erfahren lassen. Denn unser tiefster Wert entspringt aus unserem Sein, vor aller Leistung. Rosen sind in ihrer selbstverständlichen Schönheit ein Zeichen dafür, aus der Verbindung der göttlichen Quelle in sich zu leben. Jede Rose, die ich meinem Partner, meiner Partnerin schenke, soll Ausdruck dieser Verbundenheit mit der Schöpfung sein.

13. Ritual

Einander
Anerkennung schenken

Jede und jeder gestaltet sich ein „Anerken-
nungsbüchlein". Die eine Hälfte der Seiten ist
dazu da, um eigene Reifungsschritte aufzuschreiben, und die andere Hälfte bietet Platz,
um das Wachsen der Partnerin, des Partners
festzuhalten.

Einmal pro Monat nehmen wir uns
als Paar Zeit, uns gegenseitig bewusst Anerkennung zuzusprechen. Dazu wird ein Ort ge-
wählt, der eine besinnliche Atmosphäre
schaffen hilft. Musik erleichtert es, zu sich
selbst zu finden.

Zuerst nimmt sich jede und jeder
genügend Zeit aufzuschreiben, zu malen, was
sie bzw. er bei sich selbst und beim Partner
oder der Partnerin an ganz kleinen Schritten
der Verwandlung besonders schätzt.

Danach erzählt die eine Person, was sie entdeckt hat, und die andere hört aufmerksam zu, und umgekehrt. Erst wenn beide aufeinander gehört haben, findet ein Austausch statt. Ins Anerkennen dessen, was gelungen ist, kann auch konstruktive Kritik in wohlwollender Anerkennung einfließen. Der Hauptakzent aber ist das Benennen des Positiven.

14. RITUAL

Zusammensein genießen!

In unserer Partnerschaft suchen wir immer
wieder neu nach Formen des Genießens:

beim gegenseitigen Massieren
beim gemeinsamen Kochen und Essen
beim zärtlichen Gestalten der Sexualität
beim gemeinsamen Meditieren und Stillesein
beim Verweilen in der Natur

Wir gestalten diese Zeit im Bewusstsein, dass
wir Verantwortung tragen für unsere Partnerschaft. Wenn wir achtsam miteinander umgehen und die dadurch geschenkte Kraft nicht
nur für uns behalten, verwandeln wir die Welt
zum Guten. Wir erfahren, was es bedeutet, im
sorgsamen Pflegen des Körpers verbunden zu
sein mit der ganzen Schöpfung.

15. Ritual

Zu Gast sein bei mir selbst

Auch in der Partnerschaft brauche ich meinen Freiraum. Echte Gastfreundschaft wird möglich, wenn ich lerne, bei mir selbst zu Gast zu sein, um all mein Erlebtes in Gott zu vertiefen. Auch wenn es aus beruflichen oder familiären Gründen nur schwer möglich ist, lassen sich doch Nischen finden, in welchen ich still werde und nachspüre, was ich wirklich brauche, um meiner Partnerin, meinem Partner wieder mit Wohlwollen zu begegnen.

Freundschaften von Frau zu Frau und Mann zu Mann beleben die Partnerschaft. Ich suche einen Rhythmus, nach dem ich mit einem Freund, einer Freundin Hobbys pflegen und Zeiten des Austauschs erleben kann.

Sich einander zuwenden

Sich
einander
zuwenden

Auch
da
wo
ich
verwundet
bin

Wo
die
verletzlichkeit
am größten ist

Wo
heilung
not-wendig ist

Sich
berühren
im leisen glauben
an veränderung

LIEBENDES AUFMERKEN

Zärtliche Berührung
verweilen in der Umarmung
in der wohltuenden Geborgenheit

Ankommen
bei
dir
ausruhen

Dich
genießen

Liebendes Aufmerken

MITEINANDER WOHNEN

Freundschaft leben
einen Ort zu haben
wo ich loslassen darf
sein mit meinen dunklen Seiten
meinem Bedürfnis nach Angenommensein

Freundschaft leben
kein Bild voneinander machen
Entfaltungsmöglichkeiten bestärken
im Spiel der Zuwendung

Seht doch
wie gut und schön es ist
wenn Menschen miteinander in Eintracht
wohnen
NACH PSALM 133,1

AUF DEM WEG

Mitten in deinem Prozess der
Menschwerdung
wünsche ich dir
jene kraftvollen Erinnerungen
die dich vertrauen lassen in das Gute im
Menschen

Mitten in deiner Sehnsucht nach
Geborgenheit
wünsche ich dir
jene zärtliche Umarmung
die dich aufatmen lässt

Mitten im Jasagen zu deiner Partnerin,
deinem Partner
wünsche ich dir
jene hoffnungsstiftende Zuversicht
noch freier dich entfalten zu können

Mitten im Unterwegssein als Paar
wünsche ich euch
jenen weiten Raum
der auch andere teilhaben lässt an eurer Liebe

Mitten in schwierigen Momenten des
Zweifelns
wünsche ich dir
jene vertrauensvolle Weitsicht
die Fragen aushalten kann
vertrauend miteinander in die Antworten
hineinwachsen zu können.

EINGESPIELTE MUSTER
DURCHBRECHEN

behutsam
eingespielte
muster
miteinander
durchbrechen

die
eigene
dunkle
geschichte
miteinander
durchgehen

einem
neuen
befreiten
lebensgefühl
entgegen

DICH GENIESSEN GOTT

Dich genießen Gott
in der künstlerischen Kreativität
im lachenden unbeschwerten Zusammensein
in sportlicher Ausgelassenheit
im Bejahen meiner sexuellen Lebenskraft
im Staunen über die unerschöpfliche
Phantasie
die uns bewohnt

Dich genießen Gott
im Dasein-Können
in der zärtlichen Zuwendung
im lustvollen Essen
im Bewundern der Tiere
im Erholen in der Gartenarbeit
Dich genießen Gott
als frohschaffende Kraft
die uns mit der ganzen Schöpfung verbindet

VIERTES KAPITEL

Kind sein dürfen

„**Wenn ihr nicht werdet wie die Kinder**, findet ihr keinen Zugang zu Gottes neuer Welt", sagt der Liebhaber des Lebens, Jesus von Nazaret. Darin entdecke ich die tiefe Lebensweisheit, ein Leben lang Kind sein zu dürfen. Ein Leben lang jeden Tag neu anfangen können. Ein Leben lang wachsen und reifen können. Bis zur letzten Sekunde meines Lebens in mir entfalten, was noch brach liegt. Im Unterwegssein mit Kindern können wir diese spirituelle Grundhaltung alltäglich erneuern.

„Staunen ist die erste mystische Grundhaltung", sagt Dorothee Sölle. Darum können Kinder uns spirituelle Lehrmeister sein. Durch sie können wir das Staunen, das Offensein, das Lachen und Weinen, das Aussprechen von Bedürfnissen, das In-Beziehung-Sein mit der Schöpfung lernen.

Mystikerinnen und Mystiker reden auch von der Geburt Gottes im Menschen; sie ereignet sich auch, wenn wir die Menschenrechte fördern, Widerstand leisten gegen Kinderarbeit, eine kinderfreundliche Welt mitgestalten.

16. Ritual

Einander segnen

Wir alle, und Kinder besonders, brauchen Vertrauens- und Hoffnungszeichen auf unserem Weg. Einander segnen heißt, das erste JA in unserem Leben, Gottes JA zu uns zu erneuern, indem wir einander Gutes zusprechen.

Wasser ist Ausdruck der göttlichen Quelle in uns. Beim Abschied zeichnen wir einander mit Wasser das Kreuzzeichen in die Hände, auf die Stirn und auf die Brust. In katholischen Kirchen befindet sich gesegnetes Weihwasser, das mit nach Hause genommen werden kann. Es will uns an die Taufe erinnern: angenommen und gesegnet zu sein vor aller Leistung.

Auch anderen Gesten können wir diese segnende Bedeutung verleihen: wenn wir unser Kind beim Abschied über das Haar streicheln, wenn wir ihm Worte sagen, die uns miteinander verbinden, wenn wir durch unsere Hand auf seiner Schulter zum Ausdruck bringen, dass wir Zutrauen haben zu ihm und dem Weg, den es geht.

17. Ritual

Die Heiligtümer von Kindern ernst nehmen

Die Zimmer von Kindern und Jugendlichen sind voller Heiligtümer! In Postern und Alltagsgegenständen drücken sie auf ihre Art aus, was ihnen nahe ist, was ihnen wesentlich, heilig ist. In einem Symbol, mag es noch so unscheinbar und banal erscheinen, verdichtet sich unsere Sehnsucht. „Man sieht nur mit dem Herzen gut. Das Wesentliche ist für die Augen unsichtbar", sagt der Kleine Prinz.

Dieser Gedanke hilft mir, das Hintergründige in dem zu entdecken, was Kindern nahe ist.

Natürlich gilt es durchaus, all den Konsum- und Markenartikeln gegenüber kritisch zu sein. Doch für das Unterwegssein mit Kindern und Jugendlichen und mit jedem Menschen ist es für mich entscheidend, von dem auszugehen, was da ist, es anzuerkennen und ernst zu nehmen – und mir selbst klar zu werden, was mir wesentlich und heilig ist.

18. RITUAL

Essen:
voll Dankbarkeit genießen

Essen kann mehr sein als Nahrungsauf-
nahme. Beim gemeinsamen Essen schauen
wir uns an, reden wir miteinander, sind einander nahe, haben Zeit und genießen. Wir fangen gemeinsam an, und in der Regel beenden
wir das Essen gemeinsam. Es geht uns hinter-
her besser – nicht nur, weil wir satt sind, sondern auch, weil wir einander wahrgenommen
haben. Für mich ist es kein Zufall, dass Jesus
in seinen Gleichnissen von der Gottes Nähe
das Bild vom Essen und Trinken am häufigs-
ten verwendet. Indem wir eine Tischkultur
fördern und entwickeln, helfen wir einander,
mehr aus der eigenen Mitte heraus zu leben.
Darum reichen wir einander vor dem Essen
die Hand und singen ein Lied oder sind für einen kurzen Moment still. Ein Blumenstrauß

oder eine Kerze in der Mitte des Tisches helfen, dankbar das Essen zu segnen, damit wir es noch mehr genießen können.

Einmal pro Woche essen wir bewusst nur eine Suppe bei einem Hauptmahl, um dadurch unseren Überfluss mit hungernden Kindern zu teilen.

19. RITUAL

Eine Kerze am Abend

Wir können die Erlebnisse des Tages jeden
Abend mit den Kindern vertiefen, indem wir
ein kleines Teelicht am Fenster entzünden.
Eine/r aus der Familie sagt, für wen diese
Kerze an diesem Abend in die Nacht hinein
brennen soll. Dabei werden Menschen in Not
in nächster Nähe und/oder Menschen beim
Namen genannt, denen die Kinder in den
Nachrichten begegnet sind.

Die Kerze wird zum Zeichen der Verbundenheit mit Kranken, Ausgegrenzten, Ver-
folgten.

Das Entzünden der Kerze eignet sich
auch gut, um jeden Tag für etwas zu danken.

20. Ritual

Mit der Schöpfung in Beziehung sein

Von Kindern habe ich gelernt, noch tiefer in Beziehung mit der Schöpfung zu sein. Nach einem schönen Spaziergang verabschieden sie sich vom Baum und vom Bach und bedanken sich beim Schmetterling. Tiere werden von ihnen begrüßt.

Kinder und Erwachsene können miteinander lernen, dieses tiefe Eingebundensein in die Schöpfungsfamilie auszudrücken. Die vier Elemente werden zu Mutter Erde, Bruder Feuer, Schwester Luft und Freundin Wasser.

DEN WEG ZUR QUELLE FINDEN

Den Weg zur Quelle finden jene
die selber den ersten Schritt wagen,
die einander beim Namen rufen
und gemeinsam aufbrechen –
ihr Urvertrauen wird wachsen.

Den Weg zur Quelle finden jene,
die ihre Gefühle nicht mehr unterdrücken,
die mit anderen lachen und weinen –
ihre Lebenskraft wird Hoffnung verbreiten.

Den Weg zur Quelle finden jene,
die miteinander Toleranz einüben
im gewaltfreien Widerstand
gegen Rassismus und Fremdenfeindlichkeit –
ihr Engagement wird durch
Gottes Phantasie begleitet.

Den Weg zur Quelle finden jene,
die in ihrer Sehnsucht
nach der Bewahrung der Schöpfung,
jene sympathische Praxis Jesu erkennen –
ihre Solidarität wird Kreise ziehen.

Den Weg zur Quelle finden jene,
die trotz allem an das Gute im Menschen
glauben,
den göttlichen Kern im Menschen entdecken –
ihre Geborgenheit in diesen verbindenden
Geist Gottes
wird lebensspendend sein.

Den Weg zur Quelle finden jene,
die ein großes Herz haben
für eigene Schwächen und Grenzen
und dies auch andern zugestehen –
ihre Ehrlichkeit wird sie zur Offenheit
bewegen.

Den Weg zur Quelle finden jene,
die Konflikten nicht ausweichen
und die versöhnende Kraft im Kampf
gegen die Ungerechtigkeit nicht vergessen –
ihre Zeichen der Versöhnung werden
glaubwürdig sein.

Den Weg zur Quelle finden jene,
die Partei ergreifen
für die Ausgegrenzten und Missbrauchten
ihr Widerstand wird durch
Gottes Atem der Gerechtigkeit belebt.

Feiert das Leben,
schwimmt mit euren Kindern gegen den
Strom der Gleichgültigkeit,
tanzt, feiert, erzählt einander
Hoffnungsgeschichten
und erahnt im Puls des Lebens
Gott, die Quelle allen Lebens.

LOB ANNEHMEN

Staunen können
wie ein Kind

Mit offenem Mund
und ausgebreiteten Armen

Lob annehmen
Lob weitergeben

Im Loben dir nahe sein
NACH PSALM 150

STAUNEND KIND BLEIBEN

Staunend
in jeder Lebenssituation
klein anfangen dürfen
damit deine Verwandlung
sich in mir ereignen kann

Staunend
mit offenen Augen und Ohren
alles wahrnehmen
wie wenn ich es das erste Mal
sehen und hören würde

Staunend
mit Kindern unterwegs sein
weil sie noch nichts zu verlieren haben
und ausdrücken
was sie zutiefst zum Wachstum brauchen

Staunend
Kind bleiben
weil ich nicht sein muss
sondern alles werden kann

Staunend
Kind bleiben ein Leben lang
weil du Christus ohne Unterlass
in mir geboren wirst

Staunend
mitgestalten
an deiner neuen Welt
wo zärtliche Gerechtigkeit
im unbequemen Widerstand sichtbar wird
weil du Partei ergreifst
und dich unwiderruflich
auf die Seite der Kleinen stellst

Staunend
dich feiern als Mitte allen Lebens
jeden Tag neu

KRAFT ZUM UNTERWEGSSEIN

Kraft zum Unterwegssein
wünsche ich dir:
Gottes Bestärkung in deinem Leben

Mut zur Versöhnung
wünsche ich dir:
Gottes Wohlwollen in deinem Leben.

Grund zur Hoffnung
wünsche ich dir:
Gottes Licht in deinem Leben.

Vertrauen zum Miteinander
Wünsche ich dir:
Gottes Verheißung, sein Volk zu sein.

Begeisterung zum Aufbruch
wünsche ich uns:
Gottes Wegbegleitung und Segen.

Fünftes Kapitel

Innehalten – Stille und Besinnung

"Das Unglück des Menschen beginnt damit, dass er unfähig ist, mit sich selber in einem Zimmer zu sein", schreibt der französische Philosoph Blaise Pascal im 17. Jahrhundert. Und dieser Gedanke ist aktueller denn je!

Menschen, die nicht durch die Erwartungen und die Manipulation anderer gelebt werden wollen, nicht von außen, wie ich es in der Einleitung gesagt habe, Menschen, die aus sich heraus leben wollen, brauchen Räume der Stille.

Das griechische Wort Mystik hat seinen Ursprung im Verb *myein,* das heißt: *die Augen schließen und nach innen schauen.* Ein solches Zu-sich-selber-Kommen heißt nicht, sich vor den anderen zu verschließen und vor den brennenden Fragen unserer Zeit. Im Gegenteil: sich zurückzuziehen ist notwendig, um aus diesem Abstand die tiefere Verbundenheit, die Nähe zu allem zu spüren. Wer sich selber verloren hat, wer die Beziehung zu sich selber nicht lebt, der kann nicht beziehungsfähiger werden. Damit wir uns im Engagement, im Mitfühlen und Dabei-Sein nicht verlieren, brauchen wir den Raum der Stille.

Mystikerinnen und Mystiker bestärken uns, den Zugang zum inneren, heiligen Raum in uns zu pflegen. Im Entdecken der Kraft des Schweigens erfahren wir zunächst oft Unruhe; all das Unerledigte, Unverarbeitete kommt uns entgegen. Es lohnt sich, diesen Durchgang von der Hektik zur Stille auszuhalten und hindurchzugehen, indem wir mitten im Alltag Momente des Innehaltens einschalten, in denen wir diesen inneren Raum erfahren. Dort darf ich einfach sein.

21. RITUAL

Eine Nische für die Stille

Wir erleben die Welt als zerrissen und uns oft als hin- und hergerissen zwischen Erwartungen, Ansprüchen, Wünschen, Notwendigkeiten. Mehr denn je brauchen wir Orte der Stille, die uns einladen, die uns offen-sichtlich auffordern, zur Ruhe zu kommen. Symbole haben dabei einen großen Wert, damit wir nicht jedes Mal diesen Raum neu einrichten müssen. In ihnen drücke ich aus, was mir wichtig, heilig ist in meinem Zimmer, meiner Wohnung. Es gilt dabei, der Kraft der Leere neu zu trauen. Darum richte ich mir eine Nische der Stille ein.

Ich kaufe mir einen Meditationsschemel und/oder -teppich, um meinem inneren Wunsch nach Schweigen mehr sichtbares Gewicht zu verleihen. Auch am Arbeitsplatz kann mir auf dem Schreibtisch, in der Werkstatt, in der Küche ein kleines Symbol, ein Meditationsbild hilfreich sein, um ab und zu tief durchzuatmen und den Stress des Alltags zu unterbrechen durch wohlwollendes Da-sein-Dürfen.

22. Ritual

Durchatmen und loslassen

„Nimm dir jeden Tag eine halbe Stunde Zeit zum Gebet, außer wenn du viel zu tun hast, dann nimm dir eine Stunde Zeit!", schreibt der Heilige Franz von Sales – und wir müssen unwillkürlich lächeln darüber.

Zur Tragik heutiger Menschen gehört, dass sie in Zeiten der Verunsicherung und der Überforderung den Zugang zu den eigenen Ressourcen nicht fördern, sondern sich selber durch das Leben hetzen.

Im französischen Wort Ressourcen steckt das Wort *source* – das heißt: *Quelle.* Die innere Quelle versiegt nie, doch es kann sein, dass ihre Kraft uns wenig belebt und erneuert, wenn und weil wir uns verkrampfen. In Zeiten der Dünnhäutigkeit brauchen wir einen besonders wohlwollenden Blick uns selber gegenüber. Beim tiefen Durchatmen, mit beiden Füssen auf dem Boden stehend, erinnere ich mich: Es kommt wohl auf mich an, hängt aber letztlich nicht nur von mir ab.

23. RITUAL

Der Kraft des Augenblicks trauen

Einfach da sein können, gehört zum Schwierigsten. Das Wesentliche ist schon da – in uns. Wir brauchen es nicht dauernd im Außen zu suchen, sonst jagen wir uns selbst durch das Leben. Zu Gast bei sich selber sein, bedeutet der Kraft der gemachten Erfahrungen zu trauen.

Darum nehme ich mir einen Abend pro Woche und verlasse mich auf die Kraft des Augenblicks: Ich sitze da, zünde eine Kerze an und lasse innere Bilder aufsteigen, die einen Raum zur Vertiefung möchten. Kraftvolle und schmerzliche Erlebnisse kommen da hoch. Ich versuche sie anzuschauen, ohne zu werten und zu beurteilen. Nach einer Stunde erst male oder schreibe ich das Wichtigste auf – damit ich es schließlich besser loslassen kann. Solche fernsehfreien Abende, auch zu zweit oder als Familie, erneuern unser Leben.

24. RITUAL

Kraftschöpfen aus der Bewegung

Oasen der Stille lassen sich auch beim Sport, Joggen und Schwimmen schaffen. Dazu braucht es meine besondere Entschiedenheit, mich mit Achtsamkeit zu bewegen. Ich nehme mich wahr in der Umgebung, in der ich bin, und ich erfahre darin Gott, der mich zu mehr Lebendigkeit bewegt.

Indem ich mir autofreie Tage gönne, tue ich nicht nur meinem Körper beim Wandern Gutes, sondern ich fördere zugleich mein ökologisches Bewusstsein. Am Abend zu zweit schweigend unterwegs zu sein, lässt uns eine besondere tiefe Kraft der Verbundenheit miteinander, mit der Schöpfung und mit dem ganzen Kosmos erfahren.

25. RITUAL

Kraftorte suchen

Um einen spirituellen Weg des Vertrauens zu gehen, hilft es mir, Kraftorte zu suchen, die mir an Leib und Seele gut tun und mich bestärken, meiner Lebensaufgabe zu trauen. Dort spüre ich immer wieder, was mir zutiefst gut tut, ich gewinne neue Energie.

Dieser Ort der Kraft kann an einer Quelle sein, einer Kirche, einem Kloster, einem Grab, einem Aussichtspunkt, einem Baum. Die Natur, aber auch besondere von Menschen gebaute oder gestaltete Orte können für mich einen Platz bieten, an dem ich Kraft spüre. Umfassender und ganzheitlicher erfahre ich diese Kraft, wenn ich mich – je nach meiner körperlicher Befindlichkeit – zu Fuß zu diesem Ort aufmache, dorthin wandere. Dadurch drücke ich die innere Bereitschaft aus, einen Weg zu gehen, mein Leben zu durchschreiten, meiner Seele Entfaltungsräume zu schenken.

Ich verweile an diesem Ort im bewussten Atmen und lese mir Worte, die mich berühren und/oder mir gerade viel bedeuten – ein Gedicht, ein Gebet, eine Geschichte, einen Songtext, eine eigene Erkenntnis, ein biblisch-mystisches Wort – laut vor. Dadurch erfahre ich die Kraft, die über diesen Ort hinaus in meinen Alltag führt.

ANKOMMEN

Ankommen
Abstand gewinnen
erahnen
wie mein Wert
aus meinem Sein entspringt

Unsicherheit vor dieser Leere
trotzdem vertrauend
dass sich das ganz Kleine
in mir entfalten kann
damit sich die Ur-absicht Gottes
auch in mir freilegen kann

Ankommen
da sein
mitsein
Ruhe finden
weil ich längst von dir
gefunden bin

KOMM ZUR RUHE

Horche auf deinen Atem
er kommt und geht

In deinem Rhythmus
hilft er dir
zu dir zu stehen
ruhig zu werden
da zu sein

Komm an den Ort deiner Ruhe

Suche ihn in dir
schenke ihn dir
lass ihn nie mehr verloren gehen

Werde still
ganz Mensch
NACH PSALM 132, 8

ÖFFNE UNSERE AUGEN FÜR OASEN

In der Sehnsucht nach innerer Freiheit
erahne ich die Spur zu dir
im Arbeiten an mir selber
im Wahrnehmen subtiler Abhängigkeiten
bricht deine Verheißung durch
Befreiung durch innere Heilung zu erfahren

Ziehe erneut mit uns aus
aus gut eingespielten Mechanismen
die unser Wachstum behindern
begleite uns in Durststrecken
und öffne unsere Augen für Oasen

Im Aufbrechen in das Land
wo unsere Lebensenergien fließen können
wo wir unsere Meinung einbringen
und auch ergänzen lassen können
bewirkst du aus tiefstem Grunde
Selbstwerdung und Solidarität

MICH SETZEN

Mich setzen
alles Erlebte dieses Tages setzen lassen
dir anvertrauen

Tief ein- und ausatmen
Dankbarkeit spüren
über all das Gelungene
das mich nun ausruhen lässt

Tief ein- und ausatmen
innehalten
mit all den ungelösten Fragen
damit ich sie danach
mit neuer Kraft angehen kann

Einfach dasitzen
weil du in mir wohnst und wirkst
und mich im Ein- und Ausatmen
erleben lässt
wie mein Wert aus meinem Sein entspringt

RAUM FÜR MEINE SEELE

Bei
dir allein
kommt meine Seele zur Ruhe
von dir
kommt meine Hoffnung

Ich will nicht mehr außen suchen
was ich mir in meinem Innern schenken
lassen kann

Meine Unruhe werde ich überwinden
wenn ich wage die Stille auszuhalten
wenn ich lerne
einen neuen Umgang mit mir zu suchen

Im Dasein
im Ausruhen
im Genießen
im Entdecken meiner schöpferischen
Fähigkeiten

So kann ich zur Ruhe kommen
hoffend mein Leben durch dich vertiefen zu
lassen

Jeden Tag neu
NACH PSALM 62, 6

Sechstes Kapitel

Teil eines Ganzen

„**Was kann schon ein Einzelner** oder eine Einzelne tun?", ist ein Satz, der oft unseren Alltag bestimmt – ausdrücklich oder auch unausgesprochen. Wenn wir so denken oder reden, prägt Ohnmacht unser Lebensgefühl. Angesichts globaler Entwicklungen fühlen wir uns klein und hilflos.

Mystische Menschen nehmen diese Spannung ernst; doch sie verweisen uns dabei auch auf die Wirklichkeit, dass einer und eine nie alleine ist, sondern Teil eines Ganzen. Diesen Gedanken finde ich auch am Ende des Holocaust-Filmes *Schindlers Liste*: „Einen Menschen retten heißt, die ganze Welt retten." An diese Worte erinnere ich mich, wenn die Ohnmacht mich lähmen will. Ich denke dabei auch an Menschen auf der ganzen Welt, die sich jeden Tag neu für das Gute, für Frieden in

Gerechtigkeit einsetzen. Was oft in keiner Zeitung steht, ist eine Wirklichkeit, die Mut macht: überall auf der Welt, auch in ausweglosen Situationen, wagen Frauen und Männer Friedensschritte. Im Widerstand gegen Rassismus, Ausbeutung, Kinderprostitution und Gewalt gestalten sie mit an einer Welt, die gerechter und zärtlicher werden kann. In solchem Engagement ereignet sich Gott. Zu-mir-selber-Kommen, zu meinen Ressourcen, meinen inneren Quellen, bedeutet: zu Gott kommen und dadurch zur ganzen Welt. Die französische Mystikerin Madeleine Delbrêl (1904–1964) sagt es so: „Wer Gott umarmt, findet in seinen Armen die Welt."

Ein spiritueller Weg ist immer ein Weg der Solidarität, ein politischer Weg. Spiritualität und Politik beginnen in meinem Alltag, fangen an bei meiner ökologischen Achtsamkeit. Von da aus können wir glaubwürdig miteinander auch strukturelle Lösungen suchen. Wir sind Teil eines Ganzen.

26. Ritual

Freiwilligenarbeit leisten

Erich Fromm wurde in seinem eindrücklichen Spätwerk „Haben oder Sein. Die seelischen Grundlagen einer neuen Gesellschaft" inspiriert vom mittelalterlichen Mystiker Meister Eckhart. Fromm ermutigt, das Leben mehr aus dem Sein heraus zu gestalten. Das bedeutet: die Spirale der Leistung zu durchbrechen und sich aus der schöpferischen Kreativität heraus zu engagieren. Ein Schritt in diese Richtung ist das ehrenamtliche Engagement. Ich setze einen bestimmten Teil meiner Zeit – zwei Stunden in der Woche, einen halben Tag im Monat oder wie viel auch immer – ganz bewusst für Freiwilligenarbeit ein. Damit gestalte ich mit an einer neuen Gesellschaftsform, in der die Menschlichkeit mehr Gewicht erhält.

27. RITUAL

Geld gut ausgeben

Jedes Mal, wenn ich mir etwas Besonderes gönne, gebe ich ebensoviel für ein Entwicklungsprojekt aus.

Ich informiere mich für meine finanziellen Aktivitäten über alternative Banken, deren Ziel nicht die Gewinnmaximierung, sondern eine würdige und gerechte Verteilung von Geld ist.

Ich informiere mich, wie eine gerechtere Geldanlage und die Unterstützung von Patenschaftsprojekten möglich wird.

Ich kaufe bewusst ein – Produkte, die auch den Arbeitenden faire Löhne ermöglichen.

28. Ritual

Verbündete suchen

Das Bedürfnis, mich aufzuwerten mit dem, was ich habe, kann ich überwinden, wenn ich Verbündete suche, die sich sozial und politisch engagieren. „Mein Haus, mein Auto, mein Boot" – das verliert an Wichtigkeit. Auch in meiner Umgebung finden sich Menschen, die ihre Spiritualität im konkreten Engagement ausdrücken wollen. Für den deutschsprachigen Raum ist ein neues Parteiprojekt entstanden, das solidarisch, ökologisch, spirituell, politisch und europäisch sein will. Nähere Informationen bei: *dynamik 5*, Europäische Geschäftsstelle, Postfach 7965, 3001 Bern. www.dynamic5.org. Und es gibt zahlreiche andere humanitäre Organisationen: *Amnesty international*, *Greenpeace*, *Misereor* und *Brot für die Welt* zum Beispiel – neben vielen anderen.

29. RITUAL

Multikulturelles Zusammensein fördern

Die Angst vor dem und den Fremden nimmt zu. Politische Appelle und Reden, die den Rechtsextremismus entlarven, sind absolut notwendig. Zugleich braucht es Menschen, die durch Begegnungen erfahren, dass Menschen verschiedener Kulturen voneinander lernen können. Ein großer kultureller Reichtum erwartet uns, wenn wir multikulturelle Feste feiern. Wir können eine neue Essenskultur entwickeln, in der wir in unserer Straße, unserem Wohnviertel, unserem Dorf und in Gemeinden Orte der Gastfreundschaft entfalten. Wo Menschen miteinander kochen und essen, verschiedene Speisen kennen lernen und genießen können, da entsteht Nähe und Gemeinschaft.

30. Ritual

Achtsamkeit im Alltag

Ich entwickle eine ökologische Achtsamkeit im sparsamen Umgang mit der Energie, im Benutzen von öffentlichen Verkehrsmitteln, im biologischen Gartenbau, im Benutzen von mitweltverträglichen, biologisch gut abbaubaren Hausreinigungsprodukten, im Widerstand gegen atomare Bedrohung.

HUNGER UND DURST NACH GERECHTIGKEIT

Deine Gerechtigkeit verstummt nie
überall auf der Welt
lassen sich Menschen bewegen
nicht nur sich selber gerecht zu werden
sondern den Hunger nach deiner
Gerechtigkeit wach zu halten

Deine Gerechtigkeit wird sichtbar
im Kampf gegen entwürdigende
Arbeitsplätze
diskriminierende Sprüche
entmündigende Bestimmungen

Dein Licht erfüllt gerechte Menschen
die kinder- und jugendgerechte
Beziehungsorte fördern
die feiern und spielen können
aller Ungerechtigkeit zum Trotz
deiner Gegenwart zuliebe

NACH PSALM 97, 6.11

Klar-stellung

Was gilt?

Du stellst dich auf die Seite der Ausgegrenzten
> ohne die Reichen zu verurteilen
> du entlarvst ihre Habgier
> ohne sie auszugrenzen

Lehre mich jenen klugen Widerstand
> der unbequem bleibt
> ohne verbissen zu werden

MEIN GANZES DASEIN

Mein ganzes Dasein
mein ganzes Herz öffnen
um annehmen zu können
dass es immer ein
gebrochenes Herz sein wird

Mich in dein Mitsein verwurzeln
lässt mich Vertrauen finden
in meinen Lebensweg
zugleich mich denen
zuzuwenden
deren Verwundungen nach
Heilung schreien

Dein Dasein und Mitsein
führt zur inneren Ruhe
und zum Mitleiden
in Nähe und Distanz

Da sein im
Ein- und Ausatmen
weil ich dadurch verbunden
bin mit allem
mit dir
atmender Geist

NÄHRENDE, ERHALTENDE KRAFT

Nährende, erhaltende Kraft, Gott,
du bist unsere Quelle. Begleite uns
jeden Tag neu zur Quelle und trage uns,
wenn uns unterwegs die Kraft verlässt.

Verbindende Hoffnung, Christus,
sei uns nahe in unseren Ängsten und Fragen,
stifte uns an zum solidarischen Aufbruch
mit Kindern und Jugendlichen,
damit deine segnende Kraft spürbar wird.

Befreiender Atem der Hoffnung, Schwester
Geist,
durchbrich unsere Vereinsamung und
stärke unsere Phantasie,
bewege uns, das Gute in uns selber und
in den anderen zu entdecken.
Sprich uns das Gute zu und segne uns.

SIEBTES KAPITEL

Engagierte Gelassenheit

GELASSENHEIT HAT NICHTS ZU TUN mit Oberflächlichkeit oder „Coolsein". „Lassen" kann ich ja nur das, was ich zuerst getan, gehabt oder wahrgenommen habe. Ein gelassener Mensch spürt seinen Ärger, denn er hat seinen Grund – und er kann ihn dann auch wieder lassen.

Jesus ist für mich jemand, bei dem ich diese engagierte Gelassenheit lerne. Jesus verliert sich nicht in den brennenden Fragen, sondern schafft zuerst Distanz, um Kraft zu schöpfen. Oft stürzen wir uns in Situationen, in denen wir besonders gefordert sind, in die Aufgaben hinein – mit der Gefahr, uns darin immer mehr zu verlieren. Dabei kann es dazu kommen, dass wir immer mehr „gelebt werden" – und zu wenig im Einklang mit uns, mit den anderen, mit der Schöpfung leben.

In Zeiten der Verunsicherung, der Entscheidungen, der Belastungen, der Trauer brauchen wir mehr denn je Räume, in denen wir aufatmen können. Eigentlich sind diese Räume schon da, doch wir benutzen sie zu wenig. Dabei kann ich mir ganz sicher sein: Mein Tun, mein Einstehen für Gerechtigkeit in dieser Welt bewirkt mehr, wenn ich mich zuerst sammle und in Berührung komme mit der göttlichen Quelle in mir.

Ohne Distanz zu den Ereignissen des Lebens ist dies kaum möglich. Dabei wende ich mich nicht ab von der Not, sondern schaffe zuerst einen Raum des Innehaltens, um überzeugender auftreten zu können. Engagierte Gelassenheit ist in unserem Atem angelegt: Ein- und Ausatmen verweisen uns auf das Zupacken und Loslassen. Beides braucht es, damit Leben gelingen kann.

31. Ritual

Sich in die Augen schauen

In den Zeiten meines Lebens, in denen ich mich verunsichert fühle, in denen Ungewissheit sich breit macht, achte ich darauf, mir morgens vor dem Spiegel wirklich in die Augen zu schauen.

▶ Ich schaue mir in die Augen und begegne mir mit dem Wohlwollen, das ich jetzt brauche, um die Unsicherheit als Chance eines Neuanfangs sehen zu können.

▶ In meinen Beziehungen, gerade da, wo ich mich verunsichert fühle, übe ich ein, den anderen in die Augen zu schauen.

▶ In Diskussionen und Teamsitzungen, in denen wir uns immer wieder zu sehr in Sachfragen verlieren, ist es hilfreich sich zu fragen, ob darunter/dahinter nicht die Frage der gegenseitigen Akzeptanz und der Anerkennung steckt. Diese tiefere Beziehungsebene wird im Gespräch gefördert, wenn wir einander in die Augen schauen. Wenn es mir schwer fällt, den anderen in die Augen zu schauen, dann ist dies ein Signal, zuerst die persönliche Ebene zu klären, um sich nicht in Sachfragen zu verlieren.

32. Ritual

Symbole

In einem Symbol können wir verdichten, was wesentlich ist im Leben, im Arbeiten, in unseren Beziehungen. Ein Symbol hilft uns, das Leben nicht nur mit dem Verstand zu sehen; das ist eine eingeschränkte, eindimensionale Sichtweise. Das Symbol schafft Zwischenräume des Innehaltens.

Eine große leere Schale im Zimmer kann mir zur Einladung werden, Schwieriges immer wieder symbolisch hinein- und abzulegen. In Momenten des Gekränktseins, in denen ich gewisse Sätze nicht lassen kann, kann es heilsam sein, sie aufzuschreiben und in diese Schale zu legen und irgendwann zu verbrennen.

Wenn ich achtsam und mit einer Frage unterwegs bin – bei Spaziergängen oder Wegen, die ich im Alltag zurücklege –

kann anderes mir zum Symbol werden für das, was mich bewegt. Ein Blatt, ein Zweig, eine Farbe, ein Bild kann ich mir mitnehmen nach Hause und sichtbar aufstellen.

33. RITUAL

Den Körper spüren und lockern

Sich dehnen und strecken und gerade dasitzen, den Rücken sich entspannen lassen, die Schultern lockern, sind für mich nicht nur lebensnotwendige Körperübungen, die ich mindestens einmal pro Stunde tue, sondern Ausdruck eines ganzheitlichen Betens. Beten heißt für mich nicht: Gott erreichen, sondern aufatmen, dass ich schon in ihm bin, er neben, unter, über, in mir ist, mich ganz umgibt.

34. RITUAL

Zunehmender Druck: sich nicht in der Opferrolle verlieren

Zeiten hoher Belastung bringen die Gefahr mit sich, dass ich irgendwann unbewusst die Verantwortung für das Geschehene abgebe – und dadurch einen Zugang zu meinen Lebensenergien verschließe. Ich lasse geschehen, mache zu und lasse Entscheidungen über mich ergehen; das bedeutet letztlich, dass ich mich in der Opferrolle verliere. Anstatt mein Selbstvertrauen zu fördern und achtsam wahrzunehmen, was vor sich geht, gebe ich den anderen zuviel Macht und bleibe hinter meinen Entfaltungsmöglichkeiten zurück.

Natürlich können wir nicht immer mitentscheiden im Leben. Natürlich werden manchmal über unsere Köpfe hinweg Entscheidungen getroffen, die wir scheinbar „ausbaden" müssen. Dies will ich nicht beschönigen. Um mich darin nicht zu verlieren, suche ich mir Beratung, um zu entdecken, wo in dieser Situation meine Wachstumschance, meine Persönlichkeitsreifung liegt. Echte Gelassenheit entfaltet sich, wenn ich lerne, auch schwierige Umstände auszuhalten, um bestimmt-geduldig zu entdecken, ob es sich lohnt zu bleiben oder ob ich aufbrechen muss.

35. Ritual

Lebensbehindernde Muster entdecken

„Was hindert dich, eine Entscheidung zu treffen?", ist eine Frage, die ich mir und vielen Menschen stelle, die mehr aus der Lebenstiefe, aus Gelassenheit ihren Berufsalltag gestalten möchten. Ich gehe bei dieser Frage davon aus, dass wir lebensbehindernde Gedanken, Motive, Mechanismen mit uns schleppen und uns schwer tun, sie zu lassen. In Entscheidungssituationen beginnt für mich der Weg zu mehr Gelassenheit beim Auflisten von lebenslähmenden und lebensfördernden Gedanken:

▶ Welche lebensbehindernden Sätze prägen mein Leben? Falls es möglich ist, erinnere ich mich an die Personen, die sie mir mitgegeben haben. Auf einem großen Blatt schreibe ich auf der einen Seite all die lebensfeindlichen Muster auf.

▶ Welche lebensfördernden Worte haben mir geholfen und helfen mir immer noch, entschiedener im Leben zu stehen? Ich schreibe sie auf die andere Seite des Blattes auf, um ihnen mehr Gehör, Beachtung und Gewicht zu schenken.

BEIM AUFSTEHEN

Beim Aufstehen
mich nicht im Druck verlieren
schon weiter sein zu müssen
dastehen
den Boden spüren
der mich den ganzen Tag
hindurch tragen wird
uraltes Bild von Gott
der tragender Grund ist
in meinem Leben

Beim Aufstehen
stehen bleiben
zu mir stehen
im Ein- und Ausatmen
jene Quelle in mir entdecken
die mich den Tag hindurch
inspirieren wird
um mit Kreativität
mit Effizienz
menschliche Lösungsansätze

in scheinbar unlösbaren Fragen
zu entdecken

Beim Aufstehen
meinen Lebensentwurf weiterentwickeln
im Vertrauen in die Kraft der Gegenwart
denn nur so werde ich
auch in der Zukunft
die nötige Lebenskraft finden
um Sachzwängen und Belastungen
gelassener zu begegnen
dank DIR

DASITZEN

Dasitzen
tief ein- und ausatmen
meine Auflageflächen wahrnehmen
meine Füße mit jedem Ausatmen
noch mehr wirklich auf dem Boden
niederlassen
und dabei Druck abgeben
weil ich nicht alles im Kopf
und in meinem Schulterbereich festhalten
muss

Dasitzen
vor der nächsten Anforderung
mir einen Moment des Innehaltens gönnen
meine Auflageflächen wahrnehmen
meinen Beckenraum
noch mehr wirklich auf dem Stuhl niederlassen
und dabei Druck abgeben
in meine verkrampften Stellen hineinatmen
einfach so gut es geht
mit Wohlwollen und Bestimmtheit

Dasitzen
mein Selbstvertrauen stärken
in der Dankbarkeit dem Leben gegenüber
im tiefen Ein- und Ausatmen spüren
was mir Kraft schenkt
was mir gut tut
was gelungen ist seit heute Morgen
darin das Wirken Gottes erahnen
um achtsamer mich neu einzulassen
auf die Anforderungen des Lebens

ABENDS

mich ausgestreckt auf den Boden legen
den Druck des ganzen Tages abgeben
DIR überlassen

Das richtige Lot finden
mein Selbstwertgefühl entfalten
in dem ich der Kraft des Entspannens traue
tief ein- und ausatme
um mich noch tiefer auf den Boden
niederzulassen
dabei den tiefsten Grund meines Daseins
erfahren

Sein dürfen vor aller Leistung

Das Kraftvolle des Tages noch einmal
genießen
von Kopf bis Fuß Dankbarkeit spüren
über den Geschenkcharakter des Lebens
der auch in schwierigen Zeiten mir
entgegenkommt

Das Mühsame des Tages noch einmal erleben
in die Spannungen hineinatmen
um die Verkrampfungen auf-lösen zu lassen

Beides
das Lustvolle und Unangenehme
versuchen loszulassen
um innere Ruhe zu finden
vertrauend
dass dein Geist
auch im Schlaf in mir atmend
mich entspannt
mich stärkt
mich mit Schöpfung und Kosmos verbindet

Gelassen einfach sein dürfen

IN ZEITEN HOHER BELASTUNG

In Zeiten hoher Belastung
in denen ich mich überfordert fühle
und meine Arbeitsmotivation sinkt
weil der Druck der Sachzwänge
von Tag zu Tag zunimmt
da suche ich vermehrt
den Zugang zu meinen Ressourcen
im Einüben des bewussten
Ein- und Ausatmens

In Zeiten hoher Belastung
in denen sich in mir und um mich herum
eine Unzufriedenheit ausbreitet
und ich vor allem wahrnehme
was schwierig ist in meinen Beziehungen
und mir die Kraft fehlt
dem Lebensfördernden mehr
Gewicht zu verleihen
da nehme ich mir stündlich Zeit
um die Achtsamkeit zu entfalten

auf all das was mir gut tut und
was ich brauche zum Leben

In Zeiten hoher Belastung
in denen ich den Kontakt zu mir verliere
und mich dann wie abgeschnitten fühle
von den anderen und meiner Mitwelt
weil ich zu sehr Lösungen außen suche
und zu wenig den Mut habe
in mich zu schauen
um mich er-lösen zu lassen
vom Irrtum alles selber tun zu müssen
da gebe ich im bewussten Bodenkontakt
Druck ab

Einatmend
spüre ich Gott als Grund
der mich trägt und aufrichtet

Ausatmend
gebe ich Druck ab
weil es nicht nur von mir abhängt

Einatmend
wachse ich ins Selbstvertrauen hinein

Ausatmend
fließt meine Lebensenergie neu

Achtes Kapitel

Krise als Weg

„UND GLAUBET MIR AUF MEIN WORT, dass keine Drangsal im Menschen entsteht, es sei denn, Gott wolle eine neue Geburt in ihm herbeiführen": das sind altertümliche Worte des Mystikers Johannes Tauler, der im 14. Jahrhundert lebte. Sie sind mir in einer Lebenskrise, bildlich gesprochen, „Licht in dunkelster Nacht" geworden. Vor neun Jahren fing mein Lebensgebäude, das ich so erfolgreich aufgebaut hatte, zu wackeln an. Ich verlor die Orientierung, die anderen, und sogar Gott, für den ich als Priester quasi einstand, kamen mir immer mehr abhanden. Wie wild kämpfte ich gegen diese Situation – die dadurch immer schlimmer wurde. Obwohl ich schon jahrelang Menschen in Krisensituationen begleitete, passte sie nicht in mein eigenes Lebenskonzept. Erst der massive Leidensdruck einer wochenlangen Schlaflosigkeit zwang mich, zu meiner tiefen Verunsicherung zu stehen. Dabei sind mir diese Worte von Johannes Tauler zur Lebenshilfe geworden.

Wenn ich lebendig bleiben und meine Beziehungen, auch meine Beziehung zu Gott, lebendig erhalten will, dann komme ich nicht um die Erfahrung des „Zu-Grunde-Gehens" herum. Die Krise ist eine Chance, in der Neues entstehen kann – ich sage mit Tauler dazu: damit Gott in mir neu geboren wird. Sie ist eine Herausforderung, auf dem Grat zu wandern, den Abstieg in den eigenen Grund nicht zu scheuen und so Selbsterkenntnis einzuüben und zu lernen.

In einer Krise verbirgt sich die Zusage, innerlich freier zu werden, in dem ich mich löse von falschen Idealbildern von mir selber und anderen. Authentisch werden ist das Ziel jeder Krise – nicht eine Kopie der Erwartungen anderer zu sein, sondern ein Original. Eine solche Entwicklung hin zu mir selbst ist tatsächlich einem Geburtsprozess vergleichbar – und er wird uns zugemutet, damit wir selbstbewusster und gelöster im Leben stehen können.

Dazu gehört, die eigene Bedürftigkeit, die eigene Verletzlichkeit und letztlich das eigene Sterben mehr ins Leben zu integrieren. Die Kraft der Krise wird erfahrbar, wenn ich lerne, Hilfe anzunehmen und mich anderen auch mit meinen Schwächen zumute. So erfahre ich tiefste Menschlichkeit, nach der ich mich so sehr sehne: Sein dürfen mit Stärken und Schwächen.

36. RITUAL

Begleitung suchen

Wenn ich aus innerer Freiheit heraus mein Leben gestalten will und nicht nur auf die Erwartungen der anderen reagiere, sondern aus meiner Mitte heraus agieren will, so ist es eine Vermessenheit zu meinen, das gelänge mir ohne unterstützende Begleitung. Ich suche mir eine Begleiterin, einen Begleiter, die/der mich unterstützt beim Entdecken meiner wahren Fähigkeiten, die/der mir hilft, subtile Abhängigkeiten wahrzunehmen, die mich hindern, mehr zu mir zu stehen und meine wirkliche Lebensaufgabe zu entdecken.

37. Ritual

Das innere Kind umarmen

In einer Krisenzeit hilft mir das Bild meines inneren Kindes, das in mir ruft. Je mehr ich es in die Ecke stelle, umso lauter wird es schreien – oder schließlich ganz verstummen: was mich depressiv werden lässt. Mein inneres Kind umarmen: das bedeutet, die zerbrechlichen, unangenehmen, verletzlichen Seiten in mir liebevoll anzuschauen, damit sie verwandelt werden können. Geduld mit mir selber haben, sorgsam mit mir umgehen, auf die zarten Seiten in mir achten, sind Ausdruck solchen Wohlwollens. Das innere Kind zunächst wahrzunehmen, braucht Zeit; es hilft, bei dem inneren Bild von ihm zu verweilen, ihm vielleicht einen Satz zuzusprechen, dem spontanen Bedürfnis, dieses Kind in die Arme zu schließen, nachzugeben.

Dem inneren Kind mehr Beachtung schenken, es ernst nehmen, führt dazu, dass mein Rückgrat gestärkt wird, und fördert echtes Mitgefühl mit allen leidenden Wesen – Menschen, Tieren und der ganzen Schöpfung.

38. RITUAL

Das Kreuz umarmen

Im Dastehen mit ausgebreiteten Armen, in Kreuzform im Zimmer, im Garten, im Wald, verinnerliche ich, dass das Kreuz – das ist das Schwere, das Leid, das Dunkle – zum Leben gehört. Ich verschließe mich ihm nicht – mit ausgebreiteten Armen öffne ich mich. Das Kreuz zu umarmen, lässt mich den mitschreienden Gott erahnen, der uns einem neuen Morgen entgegenführt.

39. RITUAL

Mir selber einen Brief schreiben

Damit die Unterbrechungen in unserem Leben Durchbrüche zu neuer Lebensqualität werden können, brauchen wir den wohlwollenden Blick uns selbst gegenüber. In einer Krisenzeit melden sich oft Seiten in mir, die ich nicht wahrhaben will oder die ich zu wenig gelebt habe. Damit ein Verwandlungsweg möglich wird, braucht es ein tiefes Verständnis für diese Situation. Oft bringen mir andere Menschen mehr Verständnis für Verunsicherung und Umbrüche entgegen als ich mir selber. In einer persönlichen Krisenzeit ist es darum hilfreich, sich selber ab und zu einen Brief zu schreiben. Dadurch kreise ich nicht um mich selber und staue Gefühle oder Gedanken in mir auf, sondern ich finde eine Ausdrucksform oder schaffe Distanz zu meinem Schmerz.

40. Ritual

Ich bin angenommen –
auch wenn ich scheitere

Wir müssen alles tun, um das Leiden in unserem Leben zu verhindern – und zugleich jeden Tag annehmen, dass das Leiden zu unserem Leben gehört. Denn es gibt keine Liebe ohne Leiden.

Das bedeutet, sich zu verabschieden von der Vorstellung, dass wir auf dieser Welt grenzenloses Glück und Harmonie erfahren werden. Paradoxerweise – und das wissen wir erst, wenn wir uns darauf einlassen – werden wir um so glücklicher, wenn wir zutiefst annehmen können, dass das Unglücklichsein zu unserem Leben gehört.

Damit diese tiefe Lebensweisheit sich nicht nur in unserem Kopf abspielt, sondern auch emotional in uns leben darf, kann es hilfreich sein, einen Gedanken wie „Ich darf scheitern" oder „Meine Würde liegt in meinem Begrenztsein" oder „Auch als scheiternder Mensch bin ich angenommen" an meinen Spiegel, den Kühlschrank, die Tür oder im Innern meines Kleiderschrankes aufzuhängen, auf meinen Terminkalender zu kleben oder mir als Bildschirmschoner einzurichten, damit ich während Wochen und Monaten langsam und bestimmt in diese Wirklichkeit hineinwachsen kann.

MITLEIDEND

Du
nimmst das Leiden nicht aus unserem Leben
weil es scheinbar keine Liebe ohne Leiden gibt
du gehst mit uns hindurch
verheißt uns die Kraft
Leere auszuhalten
Verunsicherung auszuhalten
Krise als Chance zu sehen

Im Nachhinein kann ich sehen
wie du mich begleitet hast
wie sich dein Wohlwollen
wie ein roter Faden durch mein Leben zieht

Staunenswert ist dein Tun an den Menschen

Du verwandelst
Resignation in Hoffnung
Misstrauen in Zuversicht
Ohnmacht in Widerstand
Aggression in Versöhnung
Unterdrückung in Freiheit

Dir
vertraue ich weiterhin mein Leben an
NACH PSALM 66,5

ZERBROCHEN

Ich aber dachte in meiner Angst
ich bin aus deiner Nähe ausgestoßen

Mein Urvertrauen aufgelöst
in der Angst vor Liebesentzug
ab und zu der Versuch mich auszudrücken
und wie immer verletzende Antworten

Nicht so schlimm
Kopf hoch
du schaffst es sicher

Dieses Lebensprogramm ließ mich innerlich
verstummen
dreimal täglich gelernt zu schlucken
gelernt zu verstummen
versteinert zu werden

Obwohl ich mich
wie ein zerbrochenes Gefäß fühle
vertraue ich dir Gott
Quelle aller Hoffnung

Du wirst mich verwandeln
du lässt mein versteinertes Herz
feinfühlig werden für meine Verletzungen
NACH PSALM 31, 13.23

SCHMERZ FLIESST DURCH MICH

Schmerz fließt durch mich
      von einer Körperstelle zur andern
      Spannungen bestimmen mein Leben

Verhärtet
      versteinert
      verbittert
      will ich befreit werden

Im Fallenlassen
      mich dir überlassen

KRISE ZU NEUEM LEBEN

Durchbruch
endlich gewagt mich anzuvertrauen
meine Schattenseiten anzuschauen
meine Verletzungen behutsam zu berühren
meine Wut auszudrücken

Endlich erahnen wie
du
mich durch diese Krise
zu neuer Lebenskraft begleitest

Bei dir ist die Quelle des Lebens
NACH PSALM 36, 10

NEUNTES KAPITEL

Verbunden mit der Schöpfung

"GOTT ATMET IN ALLEM, WAS LEBT", sagt Hildegard von Bingen – die Heilkundige, Weise, Mystikerin des 12. Jahrhunderts. Es sind Worte, die mein Leben verwandelt haben. Im Kopf war mir längst klar, dass wir Teil der Schöpfung sind, doch mit Leib und Seele habe ich diese Wirklichkeit zu wenig wahrgenommen. Als Kind habe ich die Worte des heiligen Augustinus zu Pfingsten – "Atme in mir, Heiliger Geist" – auswendig gelernt. Doch mir war bis vor einigen Jahren nicht bewusst, dass diese Bitte ganz konkret mit meinem Atem zu tun hat.

Im Französischen heißt auswendig lernen *apprendre par coeur, mit dem Herzen lernen*. Da liegt für mich die Spur. "Man sieht nur mit dem Herzen gut, das Wesentliche bleibt für die Augen unsichtbar", sagt der Kleine Prinz von Antoine de St. Exupéry.

Die Kraft des Wesentlichen lebt in der Schöpfung. Der Rhythmus der Jahreszeiten wird uns zur Hilfe, lebendig zu sein – wenn wir nämlich nicht dauernd Höchstleistungen erbringen müssen, sondern auch uns, wie der Natur im Winter, eine Ruhezeit gönnen dürfen. Wenn die Natur im Winter ihre ganze Kraft zurücknimmt und scheinbar nichts geschieht, ereignet sich höchste Aktivität. Im Verborgenen sammelt sie ihre Kraft, um im Frühling mit größter Energie – Hildegard von Bingen nennt das die „Grünkraft" – wieder an die Oberfläche zu brechen zum Wohle der ganzen Schöpfungsfamilie.

In Ruhezeiten, in denen ich nichts direkt „Produktives" leiste, in einer kürzeren oder längeren Sabbatzeit, sammle ich im Innehalten neue Energie; mir wird in solchen Zeiten deutlicher, worauf es wirklich ankommt in meinem Leben. So lerne ich von meinen Mitgeschöpfen – und mein Atem ist es, der mich mit allem verbindet, den Pflanzen, den Tieren, den Mineralien, der ganzen

Schöpfung und dem Kosmos. Aus dieser spirituellen Haltung wächst jene ökologische Achtsamkeit, die aus Liebe zum Ganzen lebt.

41. RITUAL

Bewusst in der Natur verweilen

Beim Verweilen in der Natur, etwa beim Joggen oder beim Wandern, erinnere ich mich, dass Gott in allem atmet, was lebt. Wir sind „umfangen von den Umarmungen Gottes" (Hildegard von Bingen).

Solche kraftvollen Momente des Staunens lassen mich voll Dankbarkeit himmelwärts schauen. Und wenn ich wirklich mit beiden Füssen auf dem Boden stehe, erfahre ich auch entsetztes Staunen. Ich nehme neben dem Ergriffensein auch all das Himmelschreiende wahr, all die bedrohten und in den Wahnsinn getriebenen Kreaturen. Ein schöpfungszentrierter Mensch erfährt beides: Ergriffensein und Entsetzen. Er verliert damit nicht den Boden unter den Füßen, sondern ist darin geerdet und dem Himmel zugewandt zugleich.

42. Ritual

Die Schöpfung segnen

Segnend mit der Schöpfung umgehen, bedeutet sie gut zu heißen. Wir können mit der Erde nicht umgehen, als ob wir eine zweite in Reserve hätten! Wir segnen sie, indem wir behutsam mit ihr umgehen und ökologische Achtsamkeit üben: indem wir Fahrrad fahren, öffentliche Verkehrsmittel benutzen, biologische Produkte kaufen und faire Preise bezahlen. So genießen wir die Gaben der Schöpfung und tragen Sorge für sie, damit auch unsere Kinder eine Zukunft haben.

43. RITUAL

Mit allen Sinnen die Natur erleben

Ein spiritueller Mensch ist ein sinnlicher Mensch. Gott ist Sinnlichkeit, Schöpfer allen Lebens. Im Garten kann ich das besonders intensiv erfahren: wenn ich den Duft von Erde, Blumen und Kräutern genieße, heilende und wohlriechende Kräuter anpflanze, bei der Gartenarbeit staunend innehalte vor einer Blume, das Gemüse anschaue und rieche. Alles, was ich sehe und rieche, der Wind und die Sonnenstrahlen, die ich auf der Haut spüre, die Erde, die ich in den Händen halte: das alles verbindet mich mit dem Lebensatem der ganzen Schöpfung.

44. RITUAL

Die vier Jahreszeiten wahrnehmen

Wir Menschen brauchen spirituelle Lehrmeisterinnen und Lehrmeister. Die Schöpfung wird uns zur Lehrmeisterin, und wir können die vier Jahreszeiten als innere Wachstums- und Reifungsprozesse sehen lernen. Eine selbstbewußte Spiritualität entfaltet sich im tiefen Eingebundensein in ein größeres Ganzes. Brache und Ruhezeiten, Aussaat und das Keimen des Neuen, Wachstum und Entfaltung, Reife und Ernte sind Prozesse, die wir in der Natur um uns wie in unserem eigenen Leben beobachten. Achtsamkeit, Pflege und Geduld sind nötig, damit ein zarter Keim zur Reife kommt, Erfolg, Überraschung, Enttäuschung und Stolz begleiten den Weg bis zur Ernte.

Sinnfällig wird all dies, wenn wir uns in der Wohnung einen Jahreszeitenteller einrichten, der uns alltäglich daran erinnert, wie wir durch die Weisheit der Schöpfung mehr Mensch werden können.

45. Ritual

Selbst schöpferisch werden

„Jedes Kind ist ein Künstler. Das Problem besteht darin, wie es ein Künstler bleiben kann, wenn es aufwächst", sagt Pablo Picasso. Ich lasse mich von der Vielfalt der Schöpfung anregen, selbst schöpferisch zu werden: viel liegt noch in uns brach, was entfaltet werden möchte. Wir brauchen unsere schöpferischen Fähigkeiten nicht auf bekannte Künstlerinnen und Künstler zu projizieren, sondern wir können selbst kultivieren, was in uns an Kreativität vorhanden ist. Jede Lebensphase birgt in sich die Chance, neue künstlerische Kräfte zu entfalten. Denn sie wurden uns von Gott geschenkt, damit wir uns daran freuen und stärken und sie so weiterschenken können.

Nicht perfekt muss sein, was so entsteht: schön ist es, weil ich gewagt habe, es selbst zu machen.

Ich inspiriere andere und lasse mich von anderen inspirieren, in mir zu entdecken, was schon da ist, was ich aber selbst zu wenig sehe.

SCHÖPFUNGSRHYTHMUS

Du bist erfahrbar
durch Freundin Geist
die unsere Welt erneuert
im achtsamen Umgang mit unserer Mitwelt
im Einswerden mit der Schöpfung

Staunend
stammelnd
jauchzend
lobend
schweigend
dankend

Durch deine Schöpfung
sprudelt in uns selbst
deine Lebensquelle neu

Hineinwachsen in die Prozesse der Natur
wollen wir
uns Zeit zugestehen zum
Säen
Blühen
Ernten
Brachliegen

Lass uns schöpfungszentriert uns
hingeben
aufblühen
Frucht bringen
loslassen
ausruhen
NACH PSALM 104

SEHEN MIT OFFENEN AUGEN

Sehen
mit offenen Augen
staunen wie du Gott
lebendig bist in Schöpfung und Kosmos

Sehen
mit geschlossenen Augen
wie du mich bewohnst und bewegst
staunen wie du in mir atmest
und meine ökologische Achtsamkeit
wachhältst

Sehen
mit offenen Augen
mich begeistern lassen
von all den vielen Wundern
die du uns alltäglich zufließen lässt

Sehen
mit geschlossenen Augen
dich als tiefsten Seelengrund erfahren
um mich mit meinen Gaben und Grenzen
annehmen zu können

Sehen
mit offenen Augen
die brennenden Fragen unserer Zeit
wahr-nehmen
Wut und Entsetzen spüren
um mit dir den Traum einer gerechteren Welt
umzusetzen im solidarischen Miteinander

DU ATMEST IN ALLEM, WAS LEBT

Mutter Geist,
du atmest in allem, was lebt.
Schwester Geist,
du bist der verbindende Lebensatem der
ganzen Schöpfung.
Freundin Geist,
du lebst in uns,
in der achtsamen Verbundenheit mit allen
Geschöpfen.
Dein Name wird geheiligt
im dankbaren Staunen und Verweilen in
deiner Schöpfung.
Im heilenden Umgang miteinander bist du
uns
bestärkend und tröstend nahe.

DANKBAR MICH VERNEIGEN

Dankbar mich verneigen
voll Staunen voll tiefer Liebe zur Schöpfung

Dankbar mich verneigen
weil du Anfang und Ende bist
Zuwendung im Ringen nach Sinn

Dankbar mich verneigen
voll Erinnerung an all das Gute
das du bewirkst

DEINE SCHÖPFUNG

Gott, unser Schöpfer
deine Schöpfung seufzt und stöhnt
und weckt uns auf
aus unserem Schlaf der Oberflächlichkeit.
Öffne unsere Augen, Ohren und Herzen für
deine geheimnisvoll-nahe Gegenwart in der
Schöpfung.
Verzeih uns, dass wir dein Wesen, deinen Namen als Schöpfer
missachtet haben im lieblosen Umgang mit
unserer Mitwelt.
Bewege uns, mit Beharrlichkeit und Fantasie
neue Energieversorgungen zu fördern,
die dir und uns allen gerecht werden.
Sprich uns Versöhnung zu,
damit wir konfliktfähig die Bewahrung der
Schöpfung leben,
im Geiste deines Sohnes,
der sich schützend in die Schöpfung stellt.

ZEHNTES KAPITEL

Mit dem Abschied leben

KAUM ETWAS IST SCHWERER ZU LERNEN im Leben als der Abschied – und der endgültige Abschied, der Tod.

Wenn ich auf mein Leben zurückschaue, dann habe ich angesichts des Todes eines Menschen das Leben immer besonders intensiv erfahren. Beim Begleiten meiner Mutter zum Sterben ist mir diese Erfahrung geschenkt worden. Sie starb innerhalb weniger Monate an Krebs. Obwohl ich durch diese brutale Krankheit oft an die Grenzen meiner eigenen Kräfte kam, möchte ich doch auch keine Sekunde dieses Abschieds missen. Ich habe das Zentrum christlichen Glaubens – Kreuz und Auferstehung – erlebt, ich habe erfahren, dass Tod und Leben, Lachen und Weinen, Angst und Vertrauen nahe beieinander sind.

Nachdem meine Mutter gestorben war, hatte ich wochenlang schreckliche Träume, in denen ich das Furchtbare dieser Krankheit nochmals durchlitt. Ich lernte diese Bilder auszuhalten, bis ich einige Monate später – es braucht viel Trauerzeit – folgenden Traum hatte: In aller Deutlichkeit sah ich meine Mutter auf dem Balkon, wie sie Blumen goss. Ganz erschrocken fragte ich sie, was sie denn da mache, sie sei doch tot. Mit kraftvollen Augen schaute sie mich an und erwiderte mir: „Ich bin doch da!" Leibhaftig habe ich ihre Nähe gespürt – und das Blumengießen war mir ein Bild von der lebensspendenden Kraft, die ich über ihren Tod hinaus erfuhr.

Aus diesem Überzeugtsein von der Kraft des Lebens, die sich angesichts des Todes erfahren lässt, wünsche ich allen Menschen die Begleitung von Sterbenden: dabei können wir ungeahnte Lebendigkeit erfahren!

46. Ritual

Mein Dasein genügt

Wenn ich den Grenzen des Lebens nahe komme, etwa bei einer Krankheit, einem Unfall, bei Behinderungen, angesichts des Sterbens, kann ich das Wesentliche unserer Lebensaufgabe einüben: DAZUSEIN!

Ich muss – und kann – nichts mehr tun, nichts sagen; sondern die Kraft des Daseins einüben, erfahren, weiterschenken. Einander die Hände zu halten, wird zur heilenden Nähe Gottes. Es genügt, einfach dazusein! So helfen wir Kranken, ihre Krankheit anzunehmen, wir helfen den Sterbenden, sterben zu können – und wir lernen, Verletzlichkeit und Tod in unserem Leben anzunehmen.

47. RITUAL

Dem Abschiedsschmerz symbolisch Ausdruck geben

Wenn wir einen Menschen verlieren oder auch von einer großen Hoffnung Abschied nehmen müssen, brauchen wir Raum zum Trauern. Wir müssen uns dagegen wehren, zu schnell zur Tagesordnung überzugehen. Unsere Seele schreit auf, wenn wir uns keine Zeit zum Loslassen geben.

Nach dem Tod eines Menschen richte ich darum einen Ort in der Wohnung ein, an dem ein Foto oder ein Symbol, das mich/uns an die Verstorbene, den Verstorbenen erinnert, seinen Platz hat. Auch dem Scheitern eines Planes, einer Hoffnung, räume ich sichtbar Platz ein. Regelmäßig zünde ich ein Teelicht an, das den Tag und/oder die Nacht hindurch brennt, um meinem Schmerz und meiner Hoffnung

Ausdruck zu verleihen. Es ist die Hoffnung, dass das bruchstückhafte Leben in Gott seine Vollendung findet.

48. Ritual

Schwieriges loslassen

Bei Krankheit, Verlust des Arbeitsplatzes, beim Annehmen einer körperlichen, geistigen oder psychischen Behinderung, in einer Trennungs- oder Scheidungssituation, angesichts des Todes fällt das Loslassen schwer. Wenn ich an die Grenze des Fassbaren komme, wenn der Schmerz unerträglich wird und meine Haut ganz dünn, dann kann ein regelmäßiges Verweilen an einem Bach, einem Teich, Brunnen oder See mir helfen, Schwieriges loszulassen. Ich kann ein Blatt, eine Feder, einen Stein nehmen, und bevor ich ihn ins Wasser werfe, berühre ich ihn ganz fest und spüre, wie viel es mich kostet, den Menschen und/oder die Lebensvorstellungen, um die es geht, loszulassen. Dann bereite ich mich vor, das Blatt aus meinen Händen zu geben, indem ich laut den Namen des Menschen sage, den ich loslassen möchte: "Sarah, ich lasse dich", "Markus, ich überlasse dich Gott" oder "Ich lasse den Wunsch nach dieser Arbeitsstelle los". Ich wiederhole dieses Ritual einige Male, je nach Situation auch jeden Tag wieder.

49. RITUAL

Sich mit dem eigenen Tod anfreunden

Durch die Begegnung mit dem Sterben in meiner Familie oder meinem Freundeskreis setze ich mich in Büchern, Filmen, Radio- und Fernsehsendungen mit diesem Lebensthema auseinander. Danach nehme ich mir Zeit für folgende Übungen:

▶ Was würde ich tun, wenn ich nur noch einen Tag zu leben hätte?
▶ Welche Grabinschrift wünsche ich mir und/oder was möchte ich auf meiner Todesanzeige lesen?

Alleine und mit anderen nehme ich mir ab und zu, aber sicher einmal im Jahr Zeit, um mich diesen Fragen zu widmen. Eine sinnvolle Unterstützung dabei kann der regelmäßige

Besuch eines Friedhofes sein. Dabei konfrontiere ich mich mit der Tatsache, dass auch ich einmal dort sein werde.

Was will ich bis zu meinem Tode nicht verpasst haben? Die entscheidende Frage lautet: Gibt es ein Leben vor dem Tod?

50. Ritual

Todesbilder aus den Medien

Durch die vielen Todesmeldungen in der Zeitung, durch die Filmtoten im Fernsehen ist die Abstumpfung und das Verdrängen des Todes eine große Gefahr. Um uns wirklich vom Tod treffen zu lassen, nehmen wir uns ab und zu beim Spazierengehen eine Weile Zeit, um jene Todesbilder, welche uns täglich in den Medien überfluten, bewusst aufzunehmen. In der Wohnung hängen wir ein Kriegsbild auf, um unseren Widerstand gegen den unnötigen Tod von so vielen Menschen zu stärken. Zugleich lernen wir miteinander, dass der Tod zum Leben gehört.

Durch unsere Hände

Gott, dein Segen sei spürbar durch unsere Hände,
die halten und trösten können;
durch unsere Ohren,
die einfühlsam Trauer wahrnehmen können;
durch unser Rückgrat,
das ein Leben vor dem Tod fördert;
durch unser Herz,
das Menschen in uns nach dem Tode weiterleben lässt.

AUF DEM WEG ZUM GRAB

Wir tragen dich zu Grabe
Schritt für Schritt
und vertrauen dich unserer Mutter Erde an

So vertiefen wir das Tragende unserer
Beziehung zu dir
dein Lachen und dein Weinen
deine Konfliktfähigkeit und deine
Versöhnungsbereitschaft
deine Gelassenheit und deine Leidenschaft
deinen Humor und deine Verletzlichkeit
deine Grenzen und deine Gaben

Schritt für Schritt versuchen wir
hineinzuwachsen
in das Urvertrauen
dass du in Gott hineingestorben bist
um auch in uns weiterzuleben

So vertiefen wir das Verbindende unserer
Beziehung
und sind aufgefordert
in unserer Lebensgestaltung dem Tod einen
Platz einzuräumen
damit uns ein beziehungsreiches Leben
vor dem Tod geschenkt sei
und dein Leben segnend weiterwirkt.

ABSCHIED VON EINER SCHWIERIGEN BEZIEHUNG

Im Schmerz der Trennung wünsche ich dir
die Entdeckung deiner eigenen Lebenskräfte.

Im Abschied am Grab wünsche ich dir
die Weitsicht, außer dem Schmerz und den
Verwundungen
auch das Gute zu sehen,
das in unserer Beziehung möglich war.

Im Aufarbeiten des Scheiterns
wünsche ich dir,
dass du Trauer leben
und deine Wut freilegen kannst,
damit dir irgendwann echte Versöhnung
über den Tod hinaus geschenkt sei
und du weiterhin an die Kraft
im Menschen glauben kannst.

Lass dir in deiner Verunsicherung,
in deinem Schmerz an der Schuld

Gutes zusprechen und
segensvolle Versöhnung.
Denn in der Suche nach Antwort auf deine
Fragen
liegt der Schlüssel
zu vertiefter Beziehungsfähigkeit.

In Zeiten des Abschieds

In Zeiten des Abschieds
den gemeinsamen Erfahrungen
nochmals ihre Bedeutung geben
damit ich sie leichter loslassen kann

In Zeiten des Abschieds
die Türe zu meinen Gefühlen
weit öffnen
sie als Einladung verstehen
meinem Leben Tiefgang zu ermöglichen

In Zeiten des Abschieds
angesichts des Todes
intensives Leben erfahren
im stillen Mitsein
im Fließenlassen der Tränen
in der zärtlichen Umarmung

In Zeiten des Abschieds
das Grundgeheimnis unseres Lebens
mit Leib und Seele verinnerlichen

Tod und Auferstehung
Sterben und Werden

In Zeiten des Abschieds
im Zerbrechen einer Beziehung
außer den Gefühlen von Wut
mir in Erinnerung rufen
was gut war und bleibt
um mich nicht selber
noch mehr zu verletzen

In Zeiten des Abschieds
mitgestalten an der Erneuerung
einer Trauerkultur
in der wir wirklich Mensch sein dürfen
mit unseren Tränen
mit unserem Lachen
mit unserem Schmerz
mit unserer Dankbarkeit
darin wird Christus ohne Unterlass
in uns geboren

Nachwort des Herausgebers

VOR ZEHN JAHREN durfte ich Pierre Stutz bei seinen ersten Veröffentlichungen als Lektor im Rex Verlag Luzern begleiten. Schon damals verband mich neben einer persönlichen Freundschaft eine tiefe innere Verbundenheit. Die Glaubens- und Lebensfragen, die Pierre Stutz aufgriff, brannten auch mir unter den Nägeln, und wie er sie beantwortete, faszinierte mich und sprach mir aus dem Herzen.

Spiritualität, Religion und die Feier religiöser Zeichen sind bei Pierre Stutz immer mit dem Leben verbunden. Er spricht unbefangen von Gott, aber er benennt die Realität Gottes so, dass auch ein nichtkirchlicher oder ein nichtreligiöser Mensch es verstehen kann. Oft gebrauchte und manchmal abgenutzt wirkende religiöse Begriffe füllt er wieder mit neuem Leben.

Damit ist Religion für Pierre Stutz zu-allererst Lebenshilfe. Seine Spiritualität möchte zu mehr Lebendigkeit im ganz konkreten Alltag führen. Innerlichkeit und Beschaulichkeit sind daher für ihn nur eine Seite: Er versteht den Weg nach innen als Voraussetzung dafür, sich umso entschiedener und radikaler für eine gerechtere und friedvollere Welt einzusetzen und achtsam mit der Schöpfung umzugehen.

Eine besondere Glaubwürdigkeit erhält sein Schreiben in meinen Augen aber auch dadurch, dass Pierre Stutz offen und authentisch davon berichtet, wie er selbst mit persönlichen Problemen und Eigenheiten klar zu kommen versucht. – Pierre Stutz ist nicht nur Seelsorger und geistlicher Schriftsteller, sondern auch Lyriker. Gedichte und Gebete eröffnen einen sehr anschaulichen und existentiellen Zugang zu seiner Rede von Gott und dem Menschen.

In den „50 Ritualen für die Seele" sind Texte aus den inzwischen über 20 Büchern

Pierre Stutz' zusammen mit neuen Beiträgen von ihm aufgenommen. – Es ist nie falsch, aufzubrechen zu dem, was die Seele braucht: Diese Rituale für den Alltag und die Texte, die sie vertiefen, sind Schritte in die richtige Richtung.

ANDREAS BAUMEISTER

Vollständige Liste
der Bücher von Pierre Stutz:

Alltagsrituale, Kösel, München, 6. Auflage 2000

Auferstehen mitten im Tag, Herder, Freiburg i. Brsg.
2002

Dem Leben zuliebe, Rex, Luzern, 2. Auflage 1998

Du bist einzigartig, Rex, Luzern 1995

Du hast mir Raum geschaffen, Claudius, München,
4. Auflage 1999

Ein Stück Himmel auf Erden, Rex, Luzern 1993

Ein Stück Himmel im Alltag, Herder Spektrum, Freiburg i. Brsg., 5. Auflage 2002

Gottesdienst feiern mit Trauernden, Rex, Luzern
1998

Gottesdienste ganzheitlich feiern, Rex, Luzern 1995

Heilende Momente, Kösel, München, 2. Auflage
2000

Herzensworte, Rex, Luzern, 2002

Kraftvolle Rituale, Rex, Luzern, 2001

Licht in dunkelster Nacht, Vier-Türme-Verlag, Münster-
schwarzach, 2. Auflage 2002

Loslassen, Kanisius Verlag, Freiburg i. Ü., 3. Auflage 2002

Meditationen zum Gelassenwerden, Herder Spektrum, Freiburg i. Brsg. 2001

Neue Wortgottesdienste, Rex, Luzern 1997

Staunen, Kanisius Verlag, Freiburg i. Ü., 3. Auflage 2002

Tastend unterwegs, Rex, Luzern, 2. Auflage 1992

Taufgottesdienste, Rex, Luzern, 2. Auflage 2002

Traugottesdienste, Rex, Luzern 1991 (vergriffen)

Trauung feiern, Rex, Luzern 1999

Unter dem Stern der Hoffnung, Herder, Freiburg i. Brsg. 2002

Urvertrauen und Widerstand, Rex, Luzern 1991 (vergriffen)

Versöhnen, Kanisius Verlag, Freiburg i. Ü., 2. Auflage 2002

Vom Unbegreiflichen ergriffen, Rex, Luzern 1993 (vergriffen)

Wortgottesdienste, Rex, Luzern 1993 (vergriffen)

Was meinem Leben Tiefe gibt, Herder Spektrum, Freiburg i. Brsg. 2002

Weihnachten – unserer Sehnsucht folgen, Herder Spektrum, Freiburg i. Brsg., 2. Auflage 2002

Quellenverzeichnis

Der Autor aller im folgenden genannten Bücher ist Pierre Stutz; eventuelle Textänderungen für diese Ausgabe wurden im Einverständnis mit dem Autor vorgenommen.

Erwachen, aus: Heilende Momente, © Kösel Verlag, München, 2. Auflage 2000, 24

Liebevolle Zuwendung, aus: Du hast mir Raum geschaffen, © Claudius Verlag, München, 4. Auflage 1999, 104

Zu mir stehen, aus: Du hast mir Raum geschaffen, © Claudius Verlag, München, 4. Auflage 1999, 103

Fest stehen, aus: Du hast mir Raum geschaffen, © Claudius Verlag, München, 4. Auflage 1999, 137

Stell dich in die Mitte, aus: Heilende Momente, © Kösel Verlag, München, 2. Auflage 2000, 41

Auf den anderen hören, aus: Loslassen, © Kanisius Verlag, Freiburg i. Ü., 2. Auflage 2000, 17

Lebensbehindernde Beziehungen ..., aus: Ein Stück

Himmel im Alltag, © Herder Spektrum, Freiburg i. Brsg., 4. Auflage 2000, 114–116

Konflikte austragen, aus: Versöhnen, © Kanisius Verlag, Freiburg i. Ü., 2000, 23

Menschen segnen, die mich verletzt haben, aus: Ein Stück Himmel im Alltag, © Herder Spektrum, Freiburg i. Brsg., 4. Auflage 2000, 93

Verwandlung in der Schöpfung, aus: Heilende Momente, © Kösel Verlag, München, 2. Auflage 2000, 149

Jeden Menschen in seiner Einzigartigkeit sehen, aus: Heilende Momente, © Kösel Verlag, München, 2. Auflage 2000, 139

Verbindlich frei, aus: Ein Stück Himmel auf Erden, © Rex Verlag, Luzern, 1993, 27

Mich versöhnen, aus: Ein Stück Himmel im Alltag, © Herder Spektrum, Freiburg i. Brsg., 4. Auflage 2000, 95 f

Folge deiner Intuition, aus: Heilende Momente, © Kösel Verlag, München, 2. Auflage 2000, 80 f

Festgefahrene Meinungen loslassen, aus: Gottesdienste ganzheitlich feiern, © Rex Verlag, Luzern, 1995, 103

Gemeinsam Brot backen + Frisches Brot segnen, aus: Trauung feiern, © Rex Verlag, Luzern, 1999, 103+159

Einander Rosen schenken, aus: Trauung feiern, © Rex
Verlag, Luzern, 1999, 100

Anerkennung (Eine Kultur der Anerkennung ...),
aus: Trauung feiern, © Rex Verlag, Luzern, 1999,
92

Zusammensein genießen! (Nach Formen des Genießens suchen), aus: Trauung feiern, © Rex Verlag, Luzern, 1999, 118 f

Zu Gast bei mir selbst + Freundschaften pflegen,
aus: Trauung feiern, © Rex Verlag, Luzern, 1999,
145

Sich einander zuwenden, aus: Ein Stück Himmel auf
Erden, © Rex Verlag, Luzern, 1993, 41

Liebendes Aufmerken, aus: Du hast mir Raum geschaffen, © Claudius Verlag, München, 4. Auflage 1999, 73

Miteinander wohnen, aus: Du hast mir Raum geschaffen, © Claudius Verlag, München, 4. Auflage 1999, 145

Auf dem Weg (Mitten in deinem Prozess der Menschwerdung), aus: Trauung feiern, © Rex Verlag,
Luzern, 1999, 74 f

Eingespielte Muster durchbrechen, aus: Ein Stück
Himmel auf Erden, © Rex Verlag, Luzern, 1993,
69

Dich genießen, aus: Alltagsrituale, © Kösel Verlag,
München, 6. Auflage 2000, 76

Den Weg zur Quelle finden, aus: Du bist einzigartig,
© Rex Verlag, Luzern, 1995, 18

Lob annehmen, aus: Du hast mir Raum geschaffen,
© Claudius Verlag, München, 4. Auflage 1999,
162

Staunend Kind bleiben, aus: Staunen, © Kanisius
Verlag, Freiburg i. Ü., 2. Auflage 2000, 27

Kraft zum Unterwegssein, aus: Taufgottesdienste, ©
Rex Verlag, Luzern, 1994, 109

Nischen der Stille, aus: Gottesdienste ganzheitlich
feiern, © Rex Verlag, Luzern, 1995, 35 f

Ankommen, aus: Ein Stück Himmel im Alltag, © Herder Spektrum, Freiburg i. Brsg., 4. Auflage 2000,
39

Komm zur Ruhe, aus: Du hast mir Raum geschaffen, ©
Claudius Verlag, München, 4. Auflage 1999, 144

Öffne unsere Augen für Oasen, aus: Alltagsrituale, ©
Kösel Verlag, München, 6. Auflage 2000, 39

Mich setzen, aus: Staunen, © Kanisius Verlag, Freiburg i. Ü., 2. Auflage 2000, 21

Raum für meine Seele, aus: Du hast mir Raum geschaffen, © Claudius Verlag, München, 4. Auflage 1999, 74

Hunger und Durst nach Gerechtigkeit, aus: Du hast
mir Raum geschaffen, © Claudius Verlag, München, 4. Auflage 1999, 109

Klar-stellung, aus: Heilende Momente, © Kösel Verlag, München, 2. Auflage 2000, 94 f

Mein ganzes Dasein, aus: Ein Stück Himmel im Alltag, © Herder Spektrum, Freiburg i. Brsg., 4. Auflage 2000, 146

Nährende, erhaltende Kraft (Gott, nährende …),
aus: Taufgottesdienste, © Rex Verlag, Luzern,
1994, 62 f

Sich in die Augen schauen, aus: Meditationen zum
Gelassenwerden, © Herder Spektrum, Freiburg
i. Brsg., 2001, 41

Symbole, aus: Meditationen zum Gelassenwerden,
© Herder Spektrum, Freiburg i. Brsg., 2001, 142

Den Körper lockern, aus: Meditationen zum Gelassenwerden, © Herder Spektrum, Freiburg i.
Brsg., 2001, 129

Bei zunehmendem Druck, aus: Meditationen zum
Gelassenwerden, © Herder Spektrum, Freiburg
i. Brsg., 2001, 19

Beim Aufstehen, aus: Meditationen zum Gelassenwerden, © Herder Spektrum, Freiburg i. Brsg.,
2001, 27

Dasitzen, aus: Meditationen zum Gelassenwerden,
© Herder Spektrum, Freiburg i. Brsg., 2001, 28

Abends, aus: Meditationen zum Gelassenwerden, ©
Herder Spektrum, Freiburg i. Brsg., 2001, 30

In Zeiten hoher Belastung, aus: Meditationen zum
Gelassenwerden, © Herder Spektrum, Freiburg
i. Brsg., 2001, 13

Begleitung suchen, aus: Alltagsrituale, © Kösel Verlag, München, 6. Auflage 2000, 36

Das Kreuz umarmen, aus: Heilende Momente, © Kösel Verlag, München, 2. Auflage 2000, 112

Mitleidend, aus: Du hast mir Raum geschaffen, ©
Claudius Verlag, München, 4. Auflage 1999, 78

Zerbrochen, aus: Du hast mir Raum geschaffen, ©
Claudius Verlag, München, 4. Auflage 1999, 43

Schmerz fließt durch mich, aus: Heilende Momente,
© Kösel Verlag, München, 2. Auflage 2000, 56

Krise zu neuem Leben, aus: Du hast mir Raum geschaffen, © Claudius Verlag, München, 4. Auflage 1999, 48

Schöpfungsrhythmus, aus: Du hast mir Raum geschaffen, © Claudius Verlag, München, 4. Auflage 1999, 116

Sehen mit offenen Augen, aus: Staunen, © Kanisius
Verlag, Freiburg i. Ü., 2. Auflage 2000, 12

Du atmest in allem, was lebt, aus: Neue Wortgottesdienste, © Rex Verlag, Luzern, 1997, 33

Dankbar mich verneigen, aus: Heilende Momente,
© Kösel Verlag, München, 2. Auflage 2000, 149

Deine Schöpfung (Gott, unser Schöpfer), aus: Neue
Wortgottesdienste, © Rex Verlag, Luzern, 1997,
28

Schwieriges loslassen, aus: Ein Stück Himmel im
Alltag, © Herder Spektrum, Freiburg i. Brsg.,
4. Auflage 2000, 112 f

Durch unsere Hände (Dein Segen sei spürbar ...),
aus: Gottesdienst feiern mit Trauernden, © Rex
Verlag, Luzern, 1998, 90

Wir stehen hier am Grab, aus: Gottesdienst feiern
mit Trauernden, © Rex Verlag, Luzern, 1998, 91

Abschied von einer schwierigen Beziehung, aus:
Gottesdienst feiern mit Trauernden, © Rex Verlag, Luzern, 1998, 127

In Zeiten des Abschieds, aus: Meditationen zum Gelassenwerden, © Herder Spektrum, Freiburg i.
Brsg., 2001, 136

ferment – lässt Bilder sprechen

Pierre Stutz ist Mitredakteur in der Zeitschrift „ferment".

ferment-Themen 2008

1/2008 „HAST DU ZEIT?"
Wie wir ein menschliches Zeitmass bewahren
oder neu entwickeln können. Ein Gegenpro-
gramm zu Stress und Hektik. Mit Texten von
Pierre Stutz.

2/2008 „HUNGRIG"
Unser Grundbedürfnis nach Nahrung, Gerechtigkeit und Sinn. Mit Meditationen zu den acht
Vater-Unser-Bitten von Pierre Stutz, Vreni Merz
und Almut Haneberg.

3/2008 „GOTT BEGEGNEN"
Wie uns der Austausch mit Menschen anderer
Religionen bereichern und unseren Glauben be-
freien kann. Mit einem Beitrag von Pierre Stutz
zum Thema Mystik in den Weltreligionen.

4/2008 „AUF DER ALP"
Älplerinnen und Älpler aus den Urner Bergen
inspirieren uns zu einem einfachen Lebensstil.
Mit Texten von Pierre Stutz.

5/2008 „Vergänglich"
Von Abschied, Trennung und der Hoffnung auf
neues Leben. Mit Meditationen von Pierre Stutz.

6/2008 „Wie die Kinder"
Lachen, schreien, stampfen. Kinder öffnen uns
die Augen für die Weihnachtsbotschaft. Mit
Tetxten von Pierre Stutz.

Bestellen Sie ein kostenloses Probeheft bei:
D: Versandbuchhandlung Katholisches Bibelwerk,
Postfach 150463, 70076 Stuttgart,
Tel.: 0711 619 20 26,
Fax: 0711 619 20 30,
E-Mail: *versandbuchhandlung@bibelwerk.de*,
Internet: *www.ferment.ch*

CH + A: Pallottiner Verlag,
Postfach, CH-9201 Gossau SG,
Tel. 0041 (0)71 388 53 30,
Fax: 0041 (0)71 388 53 39,
E-Mail: pallottiner-verlag@bluewin.ch
Internet: *www.ferment.ch*